Self-Development Manual

# 자기 발전 매뉴얼

성공을 꿈꾸는 직장인을 위한

# 자기 발전 매뉴얼

가토 유키오 지음 | 정숙인 옮김

## __위기를 변화의 계기로 만들어라

어느 상쾌한 아침, 나는 사무실 책상에 걸터앉아 기분 좋게 커피를 마시고 있었다. 이 때 부장이 말을 걸어왔다.

"할 얘기가 있으니까 시간 나면 내 자리로 좀 오게."

나는 입사 5년 차로 회사 시스템에도 적응이 되고 업무에도 조금씩 재미를 느끼기 시작하고 있다. 회사도 지금은 어렵지만 경기가 풀리면 나아질 듯한 상황이다.

"부장님, 하실 말씀이란 게 무엇입니까?"

"얘기가 좀 기니 201호 회의실로 가도록 하지."

이렇게 나에게도 생각지도 못한 전환기가 찾아왔다.

"자네도 알다시피 지금 우리 회사 상황이 별로 안 좋아. 이대로 가다가는 파산이야. 어쩔 수 없이 인원을 감축해야 하는 상황이라 퇴직금을 좀더 얹어 주고 명예 퇴직자를 받게 됐네. 나는 자네를 장래가 유망한 인재라고 생각하고 주시해 왔네만 이번 구조조정 리스트에 올라 있어서 내 힘으로는 어쩔 수가 없군. 협조해주지 않겠나?'

갑자기 뒤통수를 얻어맞은 듯한 기분이었다. 순간 나는 '나처럼 젊은 직원을 정리해고할 정도로 회사 사정이 어려웠다니… 대기업에 들어왔다고 기뻐했는데 회사를 그만두면 앞으로 생활은 어떻게 해야 하며 새 직장은 어떻게 구해야 하지?' 하는 생각이 머리를 스치고 지나갔다.

"그러니까 그만두라는 말씀이시군요. 그렇다면 언제 그만둬야 합니까?"

"나도 괴롭지만 이달 말까지 정리해 주었으면 하네. 자네와는 상관없이 나도 그만둘 생각이야. 리스트에 올라 있지는 않지만 자네들을 내보내고 어떻게 혼자 남아 있을 수 있겠나. 다행히 얼마 안 되지만 저축해둔 돈도 있고, 하고 싶은 일도 있고 하니 어떻게든 되겠지. 힘들겠지만 열심히 인생을 개척해나가기 바라네. 닦아둔 기술 한가지 정도는 있어야 먹고 살 수 있겠지만 말이야."

부장의 말을 듣고, 평소 그가 자주 했던 말이 떠올랐다.

"기술, 즉 특기를 길러 둬야 돼. 어떤 일이 생길지 모르는 시대라도 기술이 있으면 살아날 방법은 있는 법이거든. 회사가 시키는 일만 해봤자 아무 것도 남지 않아. 지금부터라도 특기를 길러 두는게 좋을걸세."

분명히 부장에게는 어디에서나 통하는 '기술'이 있는 모양이다. 그에 비해 나는 어떠한가?

"자네도 이미 특화된 기술 하나쯤은 가지고 있을 거라고 믿네."

부장의 이 말에 나는 아무런 대꾸도 하지 못했다.


이런 일이 당신에게 절대로 찾아오지 않는다고 단언할 수 있겠는가? 대기업이든 중소기업이든 이제 정리해고는 남의 일이 아니다.

인생에는 몇 번의 전환기가 있다. 부정적인 전환으로는 좌천, 해고, 다니던 회사의 파산, 좌절, 질병, 심혈을 기울여 진행하던 프로젝트의 실패 등이 있으며, 어떤 경우에는 취직이나 전직, 독립 등 긍정적인 전환기가 힘든 전환기의 시작이 되기도 한다.

이런 변화는 예상했던 일인 경우도 있고 예기치 못한 일일 수도 있는데, 어느 쪽이든 끊임없이 찾아오는 크고 작은 전환기를 피해 갈 수는 없다.

주변 사람들을 예로 생각해 보자. 여러분 주변에도 부정적인 변화가 계기가 되어 한가지 기술이라도 얻기 위해 노력하고, 동시에 내적으로도 성장한 사람, 당신으로 하여금 "아니, 저 사람이 언제 저런 기술을 키웠지?" 하는 반응을 보이게 한 사람이 있을 것이다. 반대로 순풍에 돛을 단 것처럼 보였던 사람이 작은 변화를 겪으면서 조금씩 바닥으로 추락하는 경우도 보았을 것이다. 도대체 이러한 차이는 어디에서 생겨나는 것일까?

이 책의 목적은 자신의 문제점을 찾아 근본적으로 바꾸는 데 있다. 〈자기 발전 매뉴얼〉은 각각의 상황에 대한 대처법이라기보다는 상황이 어떻게 변해도 거기에 적응해서 성장하기 위한 기술을 닦는 방법이다.

나는 이 책에 샐러리맨으로 살아가면서 배운 사실을 담아 보려고 노력했다. 그리고 비즈니스맨의 자기계발을 위한 것임은 물론, 더 나은 인생을 살기 위한 기술서라고 감히 자부한다.

이 책이 많은 직장인들에게 새로운 전환점을 만들어 주어 그들이 기회를 잡는 데 도움이 되기를 간절히 바란다.

가토 유키오

# 차례    CONTENTS

# 3장 기술은 한가지로 집중시켜라
## ―높이 평가받는 기술을 배우는 법

# 4장 기회를 놓치지 말라
## ―우연을 운으로, 운을 실력으로 만드는 기술

# 5장 '타성'과 '노력'을 혼동하지 말라

### —노력해도 안 되는 원인을 찾아 고쳐라

# 6장 남에게 나에 대해 물어보자

### —나와 공생할 진정한 인맥을 찾는 방법

# 7장 최선을 다해 자신을 PR하라
## ─자신을 바꾸는 화술, 글쓰기

# 8장 내면의 성장에 한계는 없다
## ─더 넓은 당신의 인생지도를 위하여

# 1장

# 회사와 나의 관계를 다시 생각하라

### 조직을 이용하는 사람,
### 조직에 이용당하는 사람

Self-Development Manual
**자기 발전** 매뉴얼

# 회사의 부가가치가 무엇인지 깨닫자

자신을 바꾸는 기본원리는 무엇인가? 'Now or Never,' 즉 지금 하지 않으면 영원히 할 수 없다는 뜻이다. 우선 이 문장을 마음에 새겨 넣어라.

그렇다면 무엇부터 시작해야 할까? 가장 좋은 방법은 전환기를 맞을 준비를 하는 것이다. 큰 전환기, 작은 전환기, 예상했던 전환기, 갑작스러운 전환기 등 전환기는 누구에게나 찾아온다. 하지만 그것을 비즈니스나 인생에 긍정적으로 활용할 수 있느냐 없느냐는 개인에 따라 다르다. 기회는 누구에게나 찾아오지만 그것을 전환점으로 만드느냐 놓쳐 버리느냐에 따라 풍요로운 인생과 그냥 되는대로 사는, 가치 없는 삶으로 나뉜다.

전환기에는 다음과 같은 세 가지 원칙이 있다.

♠ 제1원칙

성공한 사람들은 전환기를 잘 이용한다.

♠ 제2원칙

확고한 목표가 있는 사람에게는 반드시 기회가 찾아오지만 이를 꽉 잡지 않으면 전환점으로 활용할 수 없다. 기회는 절호의 시점에 찾아오며 다시 오지 않기 때문이다.

♠ 제3원칙

전환기는 내적 성장에 의해 나타나는 전환기와 외적 조건에 의해 유발되는 전환기로 나눌 수 있다.

이 가운데 특히 제3원칙이 중요하다. '내적 성장'이란 일정한 연령이 되면 반드시 실행해야만 하는 것을 말한다. 곤충은 성장 단계에 따라 알, 유충, 성충으로 변화하고 과거의 환경과는 전혀 관계없는 새로운 환경으로 옮겨간다. 하늘을 나는 잠자리를 처음 본 사람이 물 밑바닥을 기어 다니는 잠자리 유충의 모습을 상상이나 할 수 있을까?

곤충이 필연적으로 생태를 바꾸는 내적 성장에 따른 전환을 하는 것과 같은 시기가 사람에게도 서너 번 정도 있다. 그러나 인간의 전환은 곤충의 그것처럼 전환의 규모가 크지 않다. 아기가 기어 다니다가 일어서서 두 발로 걷는 것은 큰 변화지만 그 이후, 특히 성인이 된 후부터는 연속적 변화에 의해 성장하고 강해진다. 즉, 능력이나 정신력, 계획 등에 의해 내적으로 성장하는 것이다.

'외적 조건'이란 크게는 시대의 변화를 말하며 개인적인 차원에서는 사람과의 만남, 깨달음, 기회 등이 여기에 포함된다.

혼다의 창업자 혼다 회장이 후지사와 다케오를 경영 파트너로 삼은 것은 오늘날의 혼다가 기반을 다지는 데 중요한 요소가 되었다. 당시 개발 부문 전문가였던 혼다 회장과 영업, 재무 전문가인 후지사와 씨가 손을 잡을 수 있었던 것은 '만남'이라는 외적 조건을 전환기로 활용할 수 있었기 때문이다.

일본에서 가장 규모가 큰 운수회사인 야마토 운수의 오구라 회장은 기존의 불합리한 대형 백화점 사업을 그만두고 택배에 사운을 거는 전환기를 통해 오늘날의 야마토 운수를 세울 수 있었다.

이처럼 성공한 사람에게는 반드시 전설이라고 부를 만한 결정적인 전환기가 있다.


## 매일매일 성공하라

젊은 직장인에게도 전환점이 될만한 절호의 기회가 찾아온다. 시기상으로 볼 때 20~30대가 회사라는 틀 안에서 내적 성장에 의해 다음 단계로 넘어가는 시기이기 때문이다.

세상은 급변하고 있다. 그러므로 개인도 변해야 한다. 현재를 어떻게 보내는가가 여러분의 미래를 좌우한다. 멀리서 예를 찾아보지 않아도 현재 여러분의 모습은 10년 전 자신이 했던 노력에 대한 성과물이라는 것을 알 수 있을 것이다. 현재에서 도망쳐서는 미래의 자신도 바꿀 수 없다. 그러므로 현재를 활용해야 한다.

전환기란 '다른 상태, 다른 상황으로 변하는 기회, 전환의 시기'라는 의미다. 사회도, 인간도 긴 시간 속에서 반드시 전환기를 맞게 된다. 이때는 지금까지와는 다른 가치관이 형성된다.

계기를 맞아 변화하는 것을 '전환'이라고 하는데, 이는 기존의 상황이 완전히 바뀌어 새로운 세계를 여는 것이다. 이것은 곧 자신을 바꾸는 것을 뜻한다.

다양한 전환기를 준비하는 것이 자기변화를 위한 가장 좋은 지침이다. 그것을 준비하는 사람만이 크고 작은 전환기를 발판으로 한 단계 더 성장해 이른바 승자가 될 수 있다. 이러한 두 가지 의미를 잘 생각해보기 바란다.

일반적으로 어느 정도 나이가 되면(일반적으로 직장생활을 한 지 2~3년이 지난 30세 전후) 회사와 어떠한 관계를 맺을지, 어떻게 인생설계를 할지 등을 생각하기 시작해야 한다. 이 시기에는 자신에게 주어진 일 이외에도 독자성을 발휘해 스스로 새로운 아이템을 내놓는 이른바 '마이워크(my work)'를 주요업무로 한다. 여기서 중요한 것은 일이 단지 마이워크에서만 끝나면 안 된다는 점이다. 마이워크를 실행하면서 자기만의 한 가지 기술을 찾아 '롱워크(long work)'로 이어가야 한다.

그 과정에서 개인은 회사의 지시나 명령을 기다리기만 하는 위치에서 회사와 대등한 위치로 바뀐다.

마이워크, 롱워크로 이어갈 분야는 발전가능성 있는 분야를 선택하는 것이 중요하다. 분야를 잘 선택했느냐 아니냐가 결과에 크게 반영되므로 신중하게 생각해야 한다.

갑자기 마이워크로 전환하는 것이 불가능하다면 지금 진행하고 있는 업무에 마이워크라 할 수 있는 요소를 추가해 나가면 된다. 주어진 테마를 한 걸음 전진시키고 독자성을 담는 것이다. 몇 차례 훈련을 하면 마이워크로 나아가는 길이 나타날 것이다. 그 구체적인 방법은 뒤에서 살펴보도록 한다.

자기변화를 꾀하는 사람은 현재 자신의 환경(일반적으로 회사)과 좋은 관계를 유지하면서 전환기를 준비한다. 자기 처지를 비관만 하는 사람, 안이하게 여기 저기 옮겨 다니는 사람은 자신을 바꾸기 어렵다. 즉, 내적 조건이 성숙하기 어렵다. 가능한 일은 즉시 실행에 옮기기 바란다. 깨달았을 때가 바로 기회이다.

---

● 마이워크(my work): 회사 업무가 완전히 익숙해진 상태. 주어진 일 이외에도 업무적으로 도움이 되는 제안을 하는 단계

● 롱워크(long work): 마이워크 속에서 관심 분야를 발견, 구조조정이나 정년퇴직 후에도 꾸준히 직업으로 삼을 수 있는 기술을 준비하는 단계

# 주위 환경을 활용하라

혹시 이렇게 생각하는 사람이 있는가?

'학창시절엔 뭐든지 공짜여서 좋았는데, 사회인이 되니까 컴퓨터 배우랴, 외국어 공부하랴… 배울 게 한두 가지가 아니야. 돈이 많이 들어서 감당할 수가 없다니까.'

이런 생각을 하고 있는 사람은 즉시 생각을 바꾸기 바란다. 그리고 '회사의 힘'을 이용해 보자.

학창시절이야말로 무엇을 하든 돈이 든다. 컴퓨터를 배우려면 컴퓨터를 사야 하고 학원도 다녀야 한다. 또한 외국어를 공부하려 해도 딱히 가르쳐 주는 사람도 없고 본격적으로 습득하려면 자기 돈을 내고 학원에 다니거나 외국에 나가야 한다.

그런데 회사에 들어가면 어떠한가? 컴퓨터는 공짜로 준비되어 있고, "이것 좀 가르쳐주실 수 있으세요?"라고 물으면 숙련된 선배가 기꺼이 가르쳐 준다. 그뿐만 아니라 외국어를 습득하기 위한 실전 기회도 얼마든지 있고, 해외 출장도 공짜 수준이 아니라 오히려 월급까지 받고 갈 수 있다.

그야말로 천국이 따로 없다. 회사라는 무대에 올라 감독, 시나리오작가, 무대담당, 조명까지 제공받고 게다가 매달 월급까지 받으며 공부를 하고 있는 셈이다. 회사는 여러분에게 업무에 대한 교육을 시키고 있는 것이지만, 여러분은 이것을 자기변화를 위한 공부라고 생각해도 좋다.

때로는 극장을 가득 메운 관객들 앞에서 주연을 시켜주기도 한다. 프로젝트를 맡아 업무 진행비, 판매촉진비 등 개인 차원에서는 쓸 수 없는 거액의 돈을 움직이는 경우 등이 그렇다.

이런 기회를 이용하지 않으면 아깝다. 일이 재미없다고 투덜거리는 사람은 회사가 가지고 있는 '보물'을 알아보지 못하는 사람이다. 단, 회사 측이 먼저 제안을 해주는 경우는 극히 드물기 때문에 자신이 먼저 적극적인 자세를 보여야 한다.


## 갑갑해 보이는 조직을 철저하게 활용하는 기술

회사에 불평만 하는 사람들 중에는 수동적인 사람이 많다. 혹시 여러분도 여기에 포함되지 않는가? 여러분은 회사 측에 업무 향상을 위한 여건을 마련해 달라고 건의함으로써 불만사항을 개선할 수도 있을 것이다. 존 F. 케네디의 연설을 자신에게 적용시키면 더욱 쉽게 불만을 긍정적인 상황으로 역전시킬 수 있다.

"회사가 당신을 위해 무엇을 해 줄 것인가를 생각하기 전에 당신이 회사를 위해 무엇을 할 수 있는가를 살펴보라."

이것이 바로 조직을 활용하여 긍정적인 활로를 모색하는 첫 걸음이다. 어느 정도 조직생활에 익숙해져 신입에서 벗어나면, 회사에 계속해서 아이템을 제안하자. 회사도 그것을 기다리고 있을 것이다.

회사에 아이템을 제안할 수 있게 된다면 일단 전환의 시기로 볼 수 있다. 효과적인 전환을 통해 마이워크의 단계에 도달하면 회사를 보는 눈도 달라질 것이다. 이 단계에 도달하면 회사와 공생하는 관계가 되어 회사에 대한 친밀감이 높아진다. 이로써 자기 페이스로 일을 할 수 있게 되고 일 또한 재미있어진다. 여기까지 오면 이제 고지가 얼마 남지 않았다.

마이워크를 제안하고 실행하면서 실적을 올리면, 이번에는 완결까지 5년 정도 걸리는 롱워크로 옮겨간다. 비단 직장인뿐만 아니라 직업을 가진 모든 사람들에게 첫 번째 전환기는 마이워크로의 전환이며, 두 번째는 롱워크로의 전환이다.

이 두 가지 전환기야말로 여러분이 의식적으로 노력하여 충분히 이룰 수 있는 일이므로 반드시 실행하기를 바란다. 그러면 따분하던 여러분의 직장생활도 풍요로워질 것이다.

# 과거에 집착하지 마라

좋은 회사에는 각 분야마다 뛰어난 '라이프워커(life worker)' 가 있다. 왜일까?

지금까지 좋은 회사란 장래성이 있고 매출과 이익이 안정된 회사를 말했다. 하지만 앞으로는 그렇지 않다. 흔히들 '요즘 회사의 수명은 30년' 이라고 하는데, 지금까지 해온 대로 하다가는 회사는 30년도 안 돼서 망하고 말 것이다. 이제 좋은 회사란 시대에 적응해 연속적으로 변화할 수 있는 회사를 뜻한다. 시대의 변화에 적응한다는 말은 전환기를 포착해 전환을 잘 한다는 뜻이며 이는 개인과 회사 모두에게 중요하다.

하지만 소식 단위로 움직이는 회사는 개인보다 전환이 어렵다. 일본의 소고 백화점의 미쯔시마 회장은 '하느님' 이라는 그의 별명에서 알 수 있듯이 독재적인 경영방식을 고집 했는데, 경기가 호황

일 때는 문제가 되지 않았으나 불황일 때도 과거의 성공경험에만 매달려 독재 노선을 고집하다가 결국 파산하고 말았다.

이에 반해 이토요카도 그룹(대형매장, 편의점, 식당, 슈퍼마켓, 백화점, 전문점, 할인점 등을 운영하는 소매회사 — 옮긴이)의 스즈키 사장은 "고객의 미래 행동은 알 수 없으므로 앞을 내다보는 힘은 중요하지 않다. 단지 변화에 대응할 뿐이다"라고 간단명료하게 말했다.

이토요카도 그룹은 경쟁사가 대형 점포 개설이나 영업형태가 다른 점포 개발에 힘을 쏟고 있을 때 정보처리 인프라 정비에 막대한 투자를 해 수익력을 올렸다. 나는 IT 혁명의 물결에 동참하여 한발 앞서 도입한 이토요카도의 정보처리 시스템을 견학한 적이 있는데 다른 회사가 따라올 수 없는 수준의 치밀한 처리에 놀랐다.

소고든 이토요카도든 회사를 움직이는 것은 사람이다. 회사가 시대에 따라가려면 우선 개인이 변화해야 한다. 개인이 시대를 따라가고 앞서가야 한다.

뛰어난 리더 아래 성장해나가는 회사를 좋은 회사라고 할 수 있는데, 회사가 발전하고 성장해 나아가려면 개인에 대한 요구도 변화한다.

회사는 계속해서 과제를 제안하는 사람을 기다린다. 그러므로 이제는 단지 회사에서 주어진 일만 처리하는 '테마워크(theme work)'에서 스스로 회사에 도움이 되는 아이템을 제안하는 마이워크의 단계로 넘어가야 한다.

마이워크란 자신밖에 생각할 수 없는 테마다. 내가 샐러리맨이었던 시절을 되돌아보면 대부분이 마이워크의 연속이었고 그 가운데 두 개가 롱워크를 거쳐 '라이프워크(life work)'로 발전하였다. 그리고 여기까지 오면 저절로 기술이 향상될 것이다.

## 진정한 탈(脫)회사 인간이 되기 위해

인재에는 '인재(人材),' '인죄(人罪),' '인재(人在),' '인재(人財),'의 네 가지 종류가 있다.

♠ 인재(人材)

가능성이 있는 사람. 누구나 처음에는 인재로 출발한다. 그러나 10년이 채 안 되어 나머지 세 가지 종류로 나뉜다.

♠ 인죄(人罪)

존재 자체가 악영향을 주는 사람. 지위가 높아짐에 따라 이 타입으로 변하는 사람이 많아진다. 혼자서는 아무 결정도 하지 못하면서 트집만 잡고 상사가 자신과 다른 결정을 내리면 자신이 한 말을 번복하고 무조건 따라간다. 창조성이 전혀 없고 늘 젊은 사람들에게 독가스를 내뿜어 의욕을 빼앗는다. 이렇게 해를 끼치는 사람이 어느 회사에나 20% 가까이 존재한다. 인재

(人災)' 그 자체인 이 집단은 해고 대상이 되어야 한다.


♠인재(人在)

글자 그대로 단지 존재하는 사람. 독가스를 내뿜지는 않지만 회사에 대한 공헌은 적다. 사람이 좋고 남을 돌봐 주기를 좋아하며 붙임성이 좋은 성격으로, 예전에는 존재가치를 인정받았지만 앞으로의 회사에는 이러한 사람은 불필요하다. 샐러리맨의 60% 가까이 차지하는 이들은 연기력이 뛰어나 실수나 능력 부족을 교묘하게 감추므로 요주의 대상이다.


♠인재(人財)

회사를 짊어지는 사람들. 회사의 수준을 판단하려면 그곳에 인재(人財)가 몇 명이나 있는지 확인하면 된다. 마이워크를 발전시켜 롱워크, 라이프워크에 도달한 '라이프워커' 가 각 분야, 각 포지션 별로 몇 명이 있는지 알아본다.


좋은 회사에는 반드시 인재(人財)가 있다. 인재가 회사의 뼈대를 지탱하고 성장에 기여한다.

그러나 파레토의 법칙(20/80법칙)에 따르면 인재는 한 회사 당 20% 밖에 없다. 평균적인 회사의 전체 직원 가운데 80%는 부서전환, 아웃소싱으로 사라져 가는 인재(人在) 또는 인죄(人罪)다. 큰 조직일수록 이 비율은 정확히 들어맞는다.

인재(人財)만이 진정한 탈회사 인간이 될 수 있다. 그들은 회사를 그만둘 때도 깔끔하게 그만둔다. 다들 아쉬워하면서도 "역시 다르군. 어쩔 수 없지" 하고 보내준다.

관리직에 어울리는 사람은 인재(人財), 또는 전문가다. 회사에 있는 이상 적어도 둘 중 한 가지 타입이 되도록 자신을 바꾸자.

---

● 테마워크(theme work): 업무에 대한 개선, 제안 없이 회사에서 주어진 업무만 처리하는 단계

● 라이프 워크(life work): 실직 후, 그 동안 직장생활을 통해 익혀둔 기술을 발휘하며 살아가는 단계

# 업무의 부산물을 즐겨라

　　　　　　여러분이 직장생활을 하는 까닭은 회사에서 주어진 일을 하면서 살아가는 데 필요한 돈을 번다는 기본적인 의미 외에 다음과 같은 중요한 세 가지 목적이 있어야 한다.

♠ 기술 습득

회사란 기술을 닦는 장소다. 그것도 자신이 가진 능력을 제공하고 그 대가로 월급을 받으면서 동시에 자신의 기술까지 닦을 수 있다. 당연한 것 아니냐고 생각할지도 모르지만 실제로 기술을 닦는다는 뜻을 제대로 이해하는 사람은 드물다.

♠ 심맥 형성

'심맥'이란 비즈니스를 떠나서도 교류할 수 있는 친구를 뜻하며, 일반적인 인맥보다 한 차원 높은 개념이다. 일을 더욱 잘하려면 사람의 마음을 끄는 매력이 있어야 한다. 경우에 따라서는 업무 능력보다 인간성이 더 중요할 때도 있다. 이것 역시 하루아침에 형성되지 않는 능력이다.

### ♠ 인간성 향상

인간성 향상은 위의 두 가지보다 더 어렵다. 더구나 내 인간성이 어느 정도인지 확인해볼 수 있는 방법도 없으며 상사나 동료, 부하 직원에게 물어볼 수도 없다. 또 인간성을 향상시키는 것은 일생 동안 해야 할 과제이기도 하다.

이렇게 해 보는 것은 어떨까? 직장에서 사람들이 가장 싫어하는 인물은 자기 의견만 주장하고 다른 사람의 의견을 듣지 않는 사람이다. 반대로 신뢰받는 사람은 다른 사람의 의견을 잘 들어준다. '자신을 변화시키기 위해 다른 사람의 의견을 잘 듣는다'는 한 가지 과제를 철저하게 실천하는 것은 어떨까?

그것만으로도 인간성은 향상된다. 꼭 실행해보기 바란다.

그리고 실행에 성공하면 그 다음에는 다른 사람의 발언이나 제안에 대해서는 일단 칭찬하자. 그리고 나서 자신의 견해와 생각을 말하자.

이 세 가지가 자신을 발전시키기 위한 직장생활의 핵심임을 명심하기 바란다. 목적의식이 없으면 타성에 젖어 하루하루를 보내면서 아무런 결실을 맺지 못하는 인생이 될 수 있다. 하지만 목적의식이 있으면 일이 훨씬 더 즐거워진다.

일의 내용에 초점을 맞추어 생각해 보면 여기에는 또 다음과 같은 세 가지 측면이 있다.

♠무엇을 공부할 것인가

어느 대학을 나왔는가는 예전만큼 큰 의미를 갖지 않게 되었다. 앞으로는 무엇을 배우는가가 중요하며, 이것이 인생의 항로 결정에 큰 영향을 미친다.

♠어떤 회사에서 일할 것인가

회사 선택은 중요하다. 규모보다는 자신의 능력을 길러 줄 수 있는 회사인지 아닌지를 보고 선택해야 한다. 이제는 채용이 줄어 취업과 전직이 쉽지 않다. 들어가고 싶었던 회사에 들어가지 못하는 경우도 많은 만큼 일류회사를 목표로 하기보다는 자신의 개성에 맞는 회사를 선택하자.

♠회사 내에서 어떤 기술을 닦을 것인가

우선 무엇을 하고 싶은지 생각해 본다. 회사에 대해 어느 정도 이해한 다음 자신의 방향을 정한다. 경력을 쌓으면서 기술을 닦아 전직과 독립이 가능한 수준으로 끌어올린다.

# 회사를 옮기고 싶다는 생각은
## 일단 잊어라

샐러리맨의 가장 큰 고민 가운데 하나가 '지금 다니는 회사를 그만둘까 말까' 이다. 여기에는 네 가지 선택이 있다.

- 지금 다니는 회사를 계속 다닌다.
- 직장을 옮긴다.
- 독립한다.
- 무직으로 지낸다.

어느 것이든 저절로 정해지지는 않는다. 지금 다니는 회사가 자신을 얼마나 변화시켰는지에 따라 결정이 달라지는데, 자신을 변화시키는 데는 상당한 시간이 걸린다.

분명하게 말할 수 있는 것은 들어갈 학교와 회사를 정하고 결혼을 하는 데 있어서 선택은 중요하지만 그 선택은 목적이 아니라 하나의 자아실현 수단에 불과하다는 사실이다.

또한 전직이나 독립은 마지막 수단으로 생각해야 한다.


## '비장의 수단'은 아껴둘수록 비장하다

파산에 관한 뉴스가 나올 때마다 샐러리맨들은 우울해진다. 그리고 "저 회사가 망하다니!" 하고 생각하며 서점에 가 보면 『전직, 새로운 인생』, 『그만두길 잘했다』와 같은 제목을 단 책들이 눈에 띈다.

고용 유동성이 높아진 요즘, 매일같이 매스컴에서는 해고된 뒤 재취업하지 못하고 있는 실직자들의 비애를 보도한다. 반면 전문직이나 특수한 기술을 가진 사람들이 어마어마한 연봉을 약속받고 전직, 독립에 성공한 사례도 접할 수 있을 것이다.

두 가지 모두 사실이다. 재취업하지 못하는 사람들은 대부분 아무런 특기도 없는 사람들이다.

다음에 소개된 예를 살펴보자.


한 대기업 건설회사의 과장으로 재직 중이던 A씨는 어느날 부동산 컨설팅업체에 스카우트되어 다니던 회사를 그만두었다. 새로 옮긴 회사는 신생업체로 회사 규모는 작으나, 대기업보다 훨씬 많은 보수를 받고 이사직으로 옮긴 것이니 누가 보아도 화려한 전직이었다. 하지만 막상 회사를 옮기고 보니 체계도 잡혀 있지 않았고 사장 혼자서 모든 일을 결정하고 있었다. 사장은 A씨가 그동안 대기업에서 쌓아둔 넓은 인맥을 이용해 영업의 보좌역할을 해주기를 기대한 것이다. 그러나 A씨가 가진 인맥이 넓기는 하지만 세법이나 부동산법 등, 실무적인 지식면에서는 전혀 문외한이었다. 그러다보니 A씨는 점점 할일이 없어지고 직원들 사이에서도 '허울뿐인 이사'라는 차가운 대우를 받게 되었다. 마침내 그는 아파트관리를 하고 있는 자회사로 퇴출당해 실의에 빠진 나날을 보내고 있다.

이처럼 지위나 수입에 눈이 멀어 쉽사리 회사를 옮겼다가는 비참한 결과를 초래할 수 있으므로 전직을 할 때는 신중에 신중을 기해야 한다. 직장을 옮기려고 할 때는 나를 새로운 직장에 맞춘다는 것도 어느 정도까지만 가능한 것이고, 전혀 동떨어진 직업이나 관계없는 업종일 경우에는 내가 아무리 그 회사, 그 직책에 맞추고 싶어도 장기적인 커리어의 개발 없이는 불가능한 경우가 많다. 결국 여러분을 한 상품으로 여기고 그 상품이 효과적으로 가치를 인정받을 수 있을 만한 회사를 찾았을 때 전직을 고려해야 한다.

# 회사를 '**부자 고객**' 으로 생각하라

　　　　　최근 회사 업무를 떠나 자기계발의 중요성
을 강조하는 '탈회사 인간' 이 화제를 모으고 있다. 하지만 회사 업
무 자체를 소화하지 못하는 사람에게 탈회사 인간이라는 말은 무
의미하다는 것을 잊지말기 바란다.

　　극단적인 예일지도 모르지만, 회사나 상사에 대해 불평만 늘어
놓는 사람은 하나같이 자신이 맡은 분야를 제대로 소화하지 못하
는 경우가 많다. 자신을 되돌아보지 않고 회사나 다른 사람 탓만
하는 사람이 과연 성공할 수 있을까?

　　또 회사에 아무런 제안도 할 수 없는 사람일수록 업무에 집중하
는 동료직원을 보고 일 중독자라며 그들을 깎아내린다. 분명히 업
무에서만 보람을 찾는 사람은 불행하며, 언젠가는 좌절하게 된다.
하지만 일하는 사람의 최대 관심사는 역시 일이여야 한다. 여러분

은 하루에 짧게는 8시간, 길게는 10시간을 보내는 여러분의 회사 안에서 진지하면서도 즐거울 수 있어야 한다. 고용이 불안한 요즘 같은 시대에 인생의 한 시기를 조직에 바치며 맡은바 업무에 열중하여 성과를 거두는 것은 어쩌면 선택된 사람만이 느낄 수 있는 행운일 수도 있다. 오히려 업무에서 목표를 달성했을 때의 성취감을 느껴보지 못한 사람, 한 프로젝트를 완벽하게 수행한 경험이 없으면서 남을 헐뜯는 사람이 가장 불행한 사람이다. 모든 직장인은 결국 회사라는 고객에게 서비스를 파는 장사꾼이다.

여러분이 조직생활을 하고 있을 때는 업무를 수행해 회사에 공헌한다는 직접적 의미와 기술과 인간성을 향상시키고 '인맥 네트워크'를 만든다는 부차적인 의미가 있다는 사실을 잊지 말기 바란다.

'탈회사 인간'이라는 단어를 들으면 마치 일을 벗어나서 산다는 이미지가 떠오른다. 마치 회사가 사회악인 것처럼 규정하는 것으로 들릴 수도 있다. 탈회사 인간을 '반(反)회사 인간'이라고 규정한다면 큰 오해다.

'반회사 인간'이란 단적으로 말하면 그냥 노는 사람이다. 과거에는 이러한 사람도 회사에 남을 수 있었지만 이제는 시대가 바뀌었다.

회사에 공헌하는 인간이 되자. 20%의 '인재(人財)'기 되어야 한다. 인재로서 일에 자신감을 가질 때 비로소 탈회사 인간이 될 수 있다.

누구나 언젠가는 탈회사 인간이 된다. 그 사실을 염두에 두고 현직에 있을 때는 자신을 위해 일을 하는 동시에 최대한 '회사형 인간' 이 되자. 회사에 공헌을 할 수 있어야 한 사람의 인간이라 할 수 있다.

## 회사는 제일 먼저 만나는 고객이다

고객은 일반적으로 여러분이 기획중인 상품이나 여러분이 펼치는 서비스의 최종 소비자를 가리킨다. 기업에서는 이러한 사상을 철저하게 교육시키고 소비자 수요를 창출하기 위해 안간힘을 쓴다.

공공사업은 세금을 수입원으로 해서 서비스를 팔지만 기업에 비해 고객과의 직접적인 관계가 눈에 보이지 않기 때문에 고객의 식이 희박하다. 나는 정년 후 공제에 의한 납세에서 직접납세로 바뀌어 세금을 얼마나 많이 내고 있는지 새삼 깨닫고 과연 내가 세금을 낸 만큼의 서비스를 받고 있는지 생각해 보았다.

그런데 당신은 이보다 더 잘 안 보이는 '고객' 의 존재를 깨닫고 있는가? 제조업이든 서비스업이든 샐러리맨의 단골손님, 고객은 자신이 다니는 회사이다.

이 점을 다시 한번 인식하자. 샐러리맨은 자신의 비즈니스를 회사에 팔고 회사로부터 임금을 받고 있다는 당연한 사실을 인식하고 있는 사람이 의외로 적기 때문이다.

회사가 고객이라면 고객에게 최선을 다하는 것은 당연하다는 발상으로 바뀔 것이다. 자신이 제공하는 서비스가 충분하지 않으면 고객은 서비스를 제공받기를 거절한다. 즉, 해고당하는 것이다.

자신과 회사가 이러한 관계에 있다는 사실을 인식할 수 있으면 자신의 입지도 강해진다. 도저히 고객을 만족시킬 수 없으면 고객 변경, 즉 전직이나 독립을 하면 된다.

회사와 자신은 대등한 관계에 있다. 서비스를 팔고 회사의 이익에 공헌하며 회사의 자산을 어느 정도 자유롭게 쓸 수 있다. 회사가 가지고 있는 유형, 무형의 자산에 주목하고 그것을 활용하는 방안을 생각해 보자. 누구든 공부를 하려는 마음만 있다면 회사의 자산을 유용하게 활용할 수 있을 것이다.

회사는 일을 통해 기술을 익히기에 더할 나위 없이 좋은 장소라는 사실을 깨닫자. 즉, 회사에 공헌하는 사람은 저절로 기술이 향상될 것이다.

# '왜 나만?' 하는 생각을 버리자

앞에서 자신을 바꾸어야 하는 인물의 전형적인 예를 하나 소개했다.

내가 아는 사람 중에 조금 더 전환기를 의식했으면 하는 인물이 두 명 더 있다. 그들은 프리랜서인 Y씨와 영업사원 Z씨다. Y씨는 자신이 하고 싶은 일이 무엇인지 모르며, Z씨는 열심히 일해 왔지만 과거에 안주하고 있다.

물론 당신이 이 두 사람과 똑같을 수는 없다. 그러나 자신의 행동이나 발상 등을 잘 보면 어느 정도 그들의 모습을 발견할 수 있을 것이다. 그리고 그것을 어떻게 쫓아버릴까 하는 생각은 자기변화의 좋은 계기가 된다.

## 프리랜서 Y씨

Y씨는 학교를 졸업한 지 4년이 되었는데 취업에는 도무지 관심이 없고 아르바이트로 용돈을 벌면서 근근이 하루하루 살아가고 있다. 다행히 부모님과 함께 살고 있어 생활비는 들지 않는다.

아르바이트도 일정하게 정해진 곳이 있는 것도 아니다. 레스토랑의 요리사 보조, 파트타임 아르바이트, 택배원, 목수, 공사장 인부 등 안 해 본 일이 없다. 그러나 어떤 일도 흥미롭지 않아 금방 그만두고 만다.

아르바이트로는 한 달에 10만 엔도 벌지 못해 모자라는 용돈은 부모에게 타서 쓰는 경우가 많다. 프리랜서 중에서도 한심한 축에 들지만 정작 본인은 마음 내키는 대로 하루하루를 보내는 생활이 좋다고 생각한다.

취미는 서핑이다. 여름이 되면 바다로 향한다. 바다에서 서핑을 하고 있으면 모든 고민거리를 잊을 수 있어 행복해진다. 하지만 즐거운 일은 서핑 정도다. 일은 고통스러울 뿐이다.

부모님은 걱정이 이만저만이 아니어서 제대로 된 회사에 들어가라고 권한다. 그래서 입사 설명회에도 몇번 참가했지만 다들 비슷비슷해서 흥미가 생기지 않는다. 가끔 구직 사이트에도 들어가 보지만 경쟁은 치열하기만 하다. 하고 싶은 일은 없고 어쩌다 관심이 가는 일은 급여가 너무 적다.

장래에 무엇을 하고 싶은지 자신조차 모르고 있기 때문에 어떻게 할 수가 없다. 직장생활을 하는 친구와 술을 마시다 보면 그 친구의 회사생활에 관한 이야기도 나오는데 한번도 부럽다고 생각해 본 적이 없다. 자기가 하고 싶은 일을 할 수 없는 회사에 들어가 봤자 무의미할 뿐이라고 생각한다.

그런데 최근 Y씨에게 여자친구가 생겼고, 현재 급속히 가까워지고 있다. 여자친구는 고향을 떠나 도쿄에 있는 병원에서 간호사를 하며 기숙사에서 지내는데, 건전한 사고방식을 가지고 있어 배울 점이 많고 언젠가 결혼하고 싶다고 생각하게 되었다. 하지만 지금 이 상태로 결혼할 수는 없다. Y씨는 진지하게 취업을 생각하게 되었다. 그러나 마땅한 일자리를 찾지 못해 고뇌의 나날을 보냈다. 대기업에 다니는 친구를 만나 어떻게 해야 할지 의논도 했지만 그의 말에 따르면 자기네 회사도 구조조정이 한창이라 도와주기가 힘들다고 한다. 결국 Y씨가 내린 결론은 '하고 싶은 일을 하는 게 제일이다'였다. 118페이지에 이후의 이야기가 있다.

# 과거의 성공에 집착하는 인간의 한계

## 영업사원 Z씨

Z씨는 올해 서른 살이다. 그는 현재 중대한 기로에 서 있다. 갑자기 회사의 제도가 바뀌어 관리직 코스와 전문직 코스로 나뉘는 바람에 선택을 해야 하기 때문이다.

입사 이래 영업자의 길만 걸어온 그는 철저하게 고객에게 최선을 다하는 타입이었다. 고객이 "올스타전 티켓 좀 구할 수 없냐"고 하면

온갖 수단을 동원해 입수했고 고객의 부탁이라면 무엇이든지 최선을 다해 들어주는 편이었다. 실제 그의 인맥은 상당히 넓었고 고객의 요구라면 어느 정도 무리한 부탁도 들어줄 정도로 고객과의 두터운 친분관계도 형성했다. 그래서 고객을 접대하는 데 많은 비용을 써도 상사는 Z씨의 높은 실적 때문에 이를 묵인해 주었다.

그렇다. 지금까지 Z씨는 매출 목표를 상위 달성해 왔다. 훌륭한 실적이다. '영업이란 고객에게 최선을 다하는 것이며 매출은 저절로 따라온다'라는 그의 신조에 흔들림은 없었다.

그런데 최근 들어 변화가 생기기 시작했다. 고객의 부탁이 줄어든 것이다. 접대를 거절당하는 일이 많아졌다. 그리고 "무조건 좋은 상품으로 갖다 주세요. 안 팔리는 상품은 재고가 쌓여 골치 아프거든요. 아, 그리고 다음부터는 상품 특징에 대해 정확히 설명해주셨으면 좋겠어요"라는 등의 엄격한 주문이 늘었다.

이제는 영업에서 상품의 가치보다 인간관계가 중요하다고 말할 수 없게 되었다. 상품의 가치 그 자체로 팔리느냐 팔리지 않느냐가 결정되기 때문이다. 결국 Z씨의 실적은 급격히 나빠지기 시작했다.

그러나 상사와의 면담에서 목표 설정에 대해 이야기를 할 때는 "지금은 경기가 조금 나쁠 뿐입니다. 조만간 매출도 원상태로 돌아갈 것입니다"라고 여전히 자신감을 보였다.

"아니야. 이번 소비 침체는 꽤 오래 갈 거야. 그러니 자네노 영업 방식을 바꿔야 할 걸세"라는 상사의 조언이 있었지만 그는 들은 척도 하지 않았다.

이러한 나날 속에서 승진 시험일이 찾아왔다. 간단한 작문, 면접과 함께 평소 실적이 승진의 기준이었다. 그는 '고객에게 최선을 다하면 매출은 저절로 따라온다'는 지론을 펼쳤다. 최근에 부진한 실적은 경기 탓으로 돌렸다.

결과는 불합격이었다. 그리고 상사에게서 "자네는 시대가 변하고 있다는 걸 깨닫지 못하고 있군. 과거의 성공에만 매달려서는 안 되네. 그렇게 해서는 관리자가 될 수 없어. 영업이 무엇인지 처음부터 다시 공부하게"라는 말을 들었다. Z씨는 충격이 컸다. 시작부터 다시 배워야 한다는 것은 생각지도 못한 일이었다. 그는 지금까지 쌓아온 영업에 대한 자신감이 무너지는 것을 느꼈다. 120페이지에 이후의 이야기가 있다.

# 전환기를 기다려라

앞서 본 Y씨는 특별한 직업 없이 허송세월을 보내며 인생의 방향을 설정하지 못하고 타성에 젖어 살고 있다. 물론 물질이 풍요로운 현대에 태어난 덕분에 어떻게든 먹고 살 수는 있겠지만, 독립된 인격체로서 인생을 살아가는 방법을 모르는 존재다. 최근에 극심한 취업난 탓인지 부쩍 아르바이트로 근근이 살아가는 사람들이 늘어나고 있다.

물론 그들 모두가 인생을 가볍게 생각하고 있다고는 할 수 없다. 하지만 직장인으로 하루하루 새로운 경험을 하고 능력을 향상시키면서 전환기를 맞을 준비를 하고 있는 사람에 비해 프리랜서들이 누리는 생활은 너무나도 안이해 보인다. 한편 프리랜서들의 처지에서는 자신을 변화시킬 계기와 기회가 없다는 의미에서 매우 무미건조한 삶이라고도 할 수 있다.

진지함이 결여되었던 Y씨도 여자친구가 생기고 결혼을 염두에
둔 후부터 지금처럼 느긋하게만 지낼 수 없게 되었다. 바로 전환기
가 찾아온 것이다. 전환기란 지금까지의 가치관을 바꾸고 새로운
세계를 개척하는 것이다. 어쩌면 길을 헤매게 될 수도 있지만 진지
하게 임하면 해답은 저절로 찾아진다. 그리고 장래에 더 큰 전환
기, 예를 들어 자녀의 탄생, 질병, 노부모 간호, 일에서의 좌절 등이
찾아왔을 때 '그 때 나를 바꾸길 잘했어' 라고 생각할 것임에 틀림
없다.

## 위기를 변화의 계기로 만들기 위해

Z씨의 경우, 과거의 성공을 잊지 못하고 거기에 매달려 부정적 결
과를 초래했다.

시대는 변한다. 그 변화는 점점 더 빨라지고 있으며 동시에 커
지고 있다. 신입사원으로 귀여움을 받았던 사람도 5년만 지나면
후배들에게서 한물 간 사람 취급을 받고 10년이 지나면 '노땅' 이
라는 소리를 들을 수도 있다.

이러한 냉엄한 현실 속에서 Z씨는 샐러리맨으로서의 첫 번째
승진에서 탈락하고 말았다. '서른 살에 승진시험에서 탈락했다고
무능력한 사람으로 취급하다니… 좀 너무한 것 아냐?' 하는 생각
을 할 수 있겠지만 서른 살이면 개인의 능력을 파악하기에 충분한

나이다.

이제 실적만으로는 부족하다. 일을 하는 동시에 '회사의 방향,' '앞으로 나는 어떤 일을 할 것인가,' '시대가 어떻게 변하고 있는가' 등을 항상 생각해야 한다.

경력연수, 나이를 기준으로 관리자를 선별했던 기업도 능력 위주의 평가방식으로 바뀌고 있다. 그에 따라 조직은 평면화되고 관리자의 자리는 크게 줄어든다. 그 결과 관리자 코스에 들어가지 못하는 사람이 많아진다.

결국 특화된 기술이 없는 사람은 불필요한 존재로 낙인찍혀 회사 내를 겉돌게 된다. 그렇게 되면 다음과 같은 일이 기다리고 있는 것은 불을 보듯 뻔한 일이다.

- 실직(파산, 구조조정 등)
- 부족한 능력에 따른 경쟁력 저하(승진 탈락, 부서 이동 등)

그러나 이것은 생각하기에 따라서는 '흥미진진한 시대'라고도 할 수 있다. 한 조직 내에 틀어박혀 있을 필요가 없이 자신의 기량에 맞는 일을 고를 수 있기 때문이다. 같은 회사에 있더라도 업무 선택의 기회가 많아진다.

시대의 변화에 따라 직종을 선택할 수 있는 기회는 점점 더 많아질 것이다.

다니던 회사에 계속 다닐 것인가, 전직이나 독립을 할 것인가 하는 선택은 자아실현의 목적이 아니라 수단이다. 자신의 특기, 좋아하는 일, 그에 적합한 기술이 있는지가 중요할 뿐이다.

누구나 지금까지의 상태와는 다른 전환기를 준비해야 한다. 그리고 지금 찾아온 전환기는 우연이 아니라 필연이다. 그것을 이용할 수 있는지 없는지에 미래가 달려 있다.

만일 지금 당신이 어떠한 이유로 말미암아 큰 타격을 입었다면 충격은 크겠지만 그것을 전환기로 활용하여 특기를 기를 수 있는 새로운 기회가 찾아왔다고 생각하길 바란다.

# 2장

# 명쾌한 인생지도를 그리자

## '자기 발전 매뉴얼' 을 발견하는 방법

# 하고 싶은 일이 무엇인지
## 끊임없이 자문하라

다음 질문에 대답해보자.

1. 인생, 비즈니스의 목표

   평생에 걸쳐 이루고자 하는 목표가 있는가? — ○, △, ×

   만약 있다면 목표를 달성하기 위해 앞으로는 어떤 노력을 해야

   하나? — 서술

2. 지금 이대로도 괜찮은가?

   앞으로도 지금처럼 살아가도 괜찮겠는가? — ○, △, ×

   아니라면 현재를 바꾸기 위해 어떤 노력을 하고 있는가? — 서술

3. 업무적으로 달성하고 싶은 테마가 있는가? — 서술

4. 연마하고 싶은 기술

   무언가 배우고 있나? — ○, △, ×

만약 없다면 앞으로 배우고 싶은 것이 있나? — 서술

5. 정년 후의 계획

정년 후를 대비해 구체적인 준비를 하고 있는가? —ㅇ, △, ×, 서술

ㅇ…3점 △…2점 ×…1점

결과는 다음과 같다.

♠15~13점 미래 대비형

현재와 미래에 대해 진지하게 생각하고 있다. 지금처럼 준비하는 자세로 보낸다면 앞으로도 큰 문제는 없을 것이다.

♠12~10점 현실 안주형

미래에 대해 조금 더 진지하고 구체적으로 계획할 필요가 있다.

♠9~5점 파산형

이대로라면 당신의 앞날은 어둡다.

질문지는 시간이 걸려도 좋으니 깊이 생각하여 구체적으로 작성하길 바란다. 작성 후 종이를 잘 보관하고 이 계획대로 실천해보자. 그 후에는 매년 한 번씩 업데이트 및 개선한다.

또한 매년 작성한 종이는 버리지 말고 5년 후, 또는 10년 후에 다시 꺼내보면서 과거에 세운 계획으로 인해 현재 자신이 어떻게 변화했는지 확인해 보는 것도 재미있을 것이다.

여러분은 아직 초기 단계이므로 10년 전 계획을 잘 실천한 현재의 나의 경우를 예로 들겠다.

내가 현직에 있던 일본의 고도성장시대에는 무엇을 해도 성공했으며 무작정 열심히만 하면 되었다. 나도 열심히만 하면 밝은 미래가 있으리라 굳게 믿었다. 회사는 승승장구할 것이며 개인적으로도 아무 문제없이 성장할 것이라고 믿었다.

그러나 버블 경제가 끝나며 끝없이 추락하는 경제, 가장 안전하다고 믿어왔던 은행마저 파산하는 것을 보면서 '언젠가 나도 회사를 그만두어야 한다' 는 사실을 깨닫게 되었다.


## 잠시 멈춰 서서 생각하는 것의 중요성

그전까지는 내 장래에 대해 별로 생각해 보지 않았다. 인생을 80까지 놓고 보면 20~30대는 성장기에 해당한다고 할 수 있기 때문에 의식적으로 생각하지 않는 한 지금의 자신에 대해 의문을 품지 않는다. 그리고 회사생활에 몰두하다 보면 평생 한 회사에 다닐 것만 같은 착각을 하게 된다. 내가 의문을 갖기 시작한 것도 거의 마흔 살이 다 될 무렵이었다.

그러나 이제 여러분이 다니던 회사가 갑자기 무너지거나 구조조정을 실시한다거나 혹은 여러분을 해고시킬지도 모른다. 그렇기 때문에 조금이라도 빨리 자신의 장래에 대해 진지하게 생각해야 한다.

30세 전후가 되면 회사의 발전 가능성, 회사에서의 자신의 위치, 앞으로의 대우 등이 어느 정도 보이기 시작한다. 그리고 지금까지의 방식으로는 인생도, 회사생활도 나아지지 않으며 무언가 뚜렷한 변화가 있어야 한다는 사실을 깨닫는다. 그리고 잠시 멈추어 서서 '회사란 나에게 무엇인가,' '회사에서 무엇을 하고 싶은가'를 깊이 생각하게 된다.

내가 30대 후반에 매긴 점수는 다음과 같았다.


1. 인생, 비즈니스의 목표…1점

학창시절에는 친구들과 자주 이야기를 나누었지만 사회인이 된 후에는 생각해본 적도 없다.

2. 지금 이대로 괜찮은가?…2점

의문이 생기기 시작했다. 하루하루를 타성에 젖은 채 보내는 것 같았다.

3. 업무적으로 달성하고 싶은 테마가 있는가?… 2점

이익을 올린다거나 신기술을 개발하는 등 잇따라 목표가 생겨 하나씩 달성해나가는 생활을 즐기고 있었다. 그래서 일하는 것이 즐거웠다. 단, 확실한 방향설정이 있었던 것은 아니다.

4.연마하고 싶은 기술…1점

흥미로운 분야는 있었으나 방향성이 명확하지 않아 뚜렷한 생각은 없었다.

5. 정년 후의 계획…1점

일상에 쫓겨 '어떻게든 되겠지' 정도로 라고만 생각했다. 나는 일이 우선인 생활을 하고 있었으며 취미라고는 독서가 전부였다.

총 7점으로 최저수준이었다. 실례가 되겠지만 독자들도 마찬가지리라. 한마디로 미래보다 지금이 더 중요하고 미래의 일은 생각할 여유조차 없었던 것이다.

# 목표지점에서 **현재를 내려다보자**

앞에서 말했듯이 나는 30대 후반부터 생각이 많아졌고 지금처럼 살아도 괜찮은지에 대한 의문이 생겼다. 당시 나는 체계적으로 생각하지는 않았지만 종이에 나의 생각을 쓰면서 정리해 보았다. 달리는 것을 그만두고 멈춰선 것이다.

그 무렵의 나를 예로 들겠다.

---

1. 인생, 비즈니스의 목표

   히트상품을 1년에 하나 만든다. 새로운 시대에 맞는 마케팅 시스템을 구축하고 정보기술을 구사한다.

2. 지금 이대로 괜찮은가?

   어떻게 전환을 할 것인가? 일, 비즈니스와 롱워크를 일치시킨다. 일로 자신을 표현한다.

---

> 3. 업무적으로 달성하고 싶은 테마가 있는가?
>
>     장기적인 테마로써 초콜릿을 널리 홍보하기 위해 초콜릿의 효용,
>
>     초콜릿의 역사에 대해 정리한다.
>
> 4. 연마하고 싶은 기술
>
>     마케팅, 상품개발의 독자적인 이론
>
> 5. 정년 후의 계획
>
>     컨설턴트로 독립한다. 독립하려면 5천만 엔 이상을 저축해야 한다.

정리하면 위와 같은데 조금 더 쉽게 말하면 다음과 같이 요약할
수 있다.


- 회사에서 해고통지를 받았을 때 당황하지 않을 수 있는가?
- 다른 회사에서도 인정받을 수 있는 기술이 있는가?
- 전환을 할 구체적인 방법이 있는가?
- 자신의 특기를 설명할 수 있는가?


이들 질문에 "예"라고 대답할 수 있으면 나머지 문제도 쉽게 풀
수 있을 것이다. 그리고 비즈니스를 대하는 방식의 변화가 인생 전
반에 영향을 미치게 된다.

일단 종이에 자신의 생각을 써보자. 그것이 자신을 바꾸는 첫걸
음이다. 잘할 수도 있고 못할 수도 있지만 볼 때마다 수정해 나가
면 된다.

처음부터 거창하게 쓰려 하지 말고 짧은 문서로 시작하자. 어떤 취미생활을 할 것인가, 자기계발은 어떤 방식으로 할 것인가, 가족과의 관계는 어떻게 유지해나갈 것인가 등 하나씩 항목이 떠오를 것이다. 그때마다 추가해 나가면서 자기만의 메모를 만들어 보자.

## 방향을 정한 사람은 강하다

이 때 방향성을 가지고 목표를 향해 나아가는 것이 중요하다. 예를 들어 기승전결(起承轉結)은 문장의 테크닉 가운데 하나이다. 이야기를 시작하고 서서히 이끌다가 분위기를 끌어 슬슬 최고조에 이르게 한 후 결말을 맺는 것이다. 최고조 점인 전(轉)이 없으면 기승(起承)에서 바로 결(結)로 이어져 깊이 없는 글이 되고 만다.

인생도 마찬가지다. 지금까지의 페이스를 전환시켜 새로운 페이스로 만든다. 그러면 평소의 노력이 하나의 방향성을 갖게 된다.

전(轉)은 가치관의 변경이다. 회사생활에서는 자신을 중심에 놓고 회사와 대등한 관계를 맺어야 하며 인생 전반에서 자신이 있는 위치를 명확히 설정해야 한다. 방향과 테마를 확립하면 목표지점이 보이기 시작한다. 방향도 정하지 않고 아무 생각 없이 그저 무작정 달린다면 목표지점은 보이지 않는다. 물론 진정한 목표지점은 인생의 마지막 순간이겠지만 전(轉)의 시기에는 거기까지 생각하기 어렵다.

첫 번째 관문으로, 직장 생활을 하고 있을 50세 전후를 하나의 목표지점으로 삼자. 비즈니스, 회사와의 관계, 노후설계, 기술습득 등이 주요 테마가 될 것이다.

'그렇게 먼 훗날의 일을 생각하는 것은 너무 이르다'며 물러서지 말고 모든 일에는 너무 늦거나 너무 이른 것이 없다고 생각해야 한다.

두 번째 관문은 50세 이후의 노후다. 일을 전혀 안 할 것인지, 할 것인지에 따라 계획이 크게 달라진다. 때를 놓치지 않도록 빨리 전(轉)을 하고 자신을 다시 바라보자.

# 목표를 **구체화하라**

**우선 일에서** 테마를 설정하고 그에 맞춰 배워야 할 특기를 결정해야 한다. 회사 내에서 방향이 설정되면 인생 계획은 비교적 쉽게 세울 수 있다.

회사에서의 목표는 구체적인 것이어야 한다. 인생, 노후문제부터 시작하면 너무 먼 훗날이기에 추상적이 되어 목표설정이 쉽지 않다.

내 경우에는 초콜릿 회사에서 근무했기 때문에 초콜릿과 그 기본원료인 카카오에 관심이 있었다. 마이워크 기술을 개발하고 새로운 판매경로를 개척했으며 라이프워크로는 문화를 공부했다.

또 하나는 독자적인 마케팅 이론을 만들고 실무 속에서 검증해 나갔다. 이렇게 일 안에서 롱워크, 라이프워크를 발견하자 하루하루의 생활에서 보람을 느끼고 어려운 테마도 방향을 잡을 수 있게 되었다.

전환이란 무엇인가에 관해 생각할 때는 '지금까지'와 '앞으로'로 나누어 생각하면 조금 더 알기 쉽다.


♠ 지금까지

– 멈추지 않고 달려왔으며 타성적이었다.

– 회사, 비즈니스, 가족이 중심이었다.

– 테마워크, 마이워크가 중심이었고 방향성이 없었다.

– 현재만을 생각하고 살았다.


♠ 앞으로

– 멈추어 서서 생각하고 목표를 갖는다.

– 자신의 장래에 초점을 맞춘다.

– 롱워크, 라이프워크에서 자신만의 기술을 확립한다.

– 인생을 바라본다.


자신의 현재와 미래를 대비시켜 위와 같이 정리해 보자. 무엇이 문제인지 알 수 있을 것이다.

전환을 잘 하면 여유가 생긴다. 앞으로는 어떤 일이 일어날지 예측할 수 없는 샐러리맨 빅뱅의 시대지만 자신의 장래에 대해 깊이 생각하면 어느 정도 미래가 보일 것이다.

관리직에서 가장 높은 지위인 최고경영자가 된다는 목표도 훌륭하다. 그러나 언제까지나 그 지위에 머물 수는 없다. 그 후에 대해서도 생각할 필요가 있다.

## '어떻게든 되겠지' 하고 생각한다고 어떻게 될 일이 아니다

나는 롱워크, 라이프워크를 일의 중심에 두고 샐러리맨 생활의 후반을 시작했는데 지금 생각해 보면 매우 성공적인 전환이었다.

당시 나는 뒤에 나오는 개인 미디어를 발간하고 강연을 하고 가상 회사를 차리면서 지적생산성을 높여 나갔다. 덕분에 몇 권의 책도 출판했으며 강연도 꽤 많이 했다. 가상 회사는 현재 개인 회사로 발전하여, 매출은 얼마 안 되지만 내용 면에서는 충실하다. 모든 것이 전환을 잘했기 때문이다.

철학자 힐티(Hilty Carl. 스위스의 철학가. 사상의 기조는 그리스도 신앙을 기반으로 하는 이상주의적 사회계량주의로, 주요 저서로는 『행복론』이 있다 — 옮긴이)는 "노년은 피상적인 인생관 전체에 대한 무시무시한 판결이다"라고 했다. 이 말을 깊이 음미하여 '시간이 지나면 어떻게든 되겠지'라는 생각은 매우 안이한 것이며 전환기에 잘 대비하지 않으면 언젠가 반드시 그 대가를 치르게 된다는 사실을 깨달아야 한다.

# 위를 보고 노력하되 아래를 보고 살라

전환기는 전직과는 의미가 다르다. 전직이나 독립은 얼핏 보기에 그럴듯해 보이지만 그만큼 리스크가 크다는 사실을 명심해야 한다. 내 가까운 후배 중 몇 명도 독립이나 전직을 했다. 그러나 나는 그들이 처음에 독립, 전직을 하겠다고 나섰을 때 반대했다. 그 의도와 자신감, 그리고 준비 정도를 알고 있었기 때문이다.

독립, 전직에 성공한 사람들의 공통점은 오랜 꿈의 실현이라는 '상당히 고차원적인 동기'가 있다는 점이다. 독립할 수 있는 능력이 있음에도 끝까지 한 회사에 근무한 예로 O씨를 들 수 있다. O씨는 비전문가이면서도 전문가 뺨치는 능력이 있어 업세 내에서 이름을 떨치고 있었다. 또 그는 실용적인 포장기술을 개발하여 내로라하는 포장전문업체를 꼼짝 못하게 했다. 더 재미있는 사실은 포장전문업체에서 문제가 발생하면 그곳에 있는 전문가가 O씨에게 조언을 구한다는 점이다. 그러면 그는 해결책을 제시해주곤 했다.

그뿐만 아니다. 그에게는 특기가 하나 더 있었다. 그는 알 수 없는 언어로 가득한 어려운 프로그램도 금방 만들어내곤 한다. 컴퓨터 전문가에게 어떤 프로그램을 의뢰하니 "비용은 수백만 엔이고 기간은 6개월 정도 걸립니다"라는 대답을 해 단념한 적이 있었는데, 그에게 부탁하자 한 달도 지나지 않아 똑같은 프로그램을 완성해 준 적이 있다. 그의 특별한 능력은 전문가조차 혀를 내두를 정도였다.

이런 특화된 능력을 가진 사람이라면 회사가 기울어도 독립, 전직하는 데 아무 문제가 없다. 그야말로 '인재 중의 인재'이며 회사 차원에서도 언제까지나 머물러 주기를 바라는 사람이다.


## 일에 라이프워크가 있는 이유는 무엇인가?

나는 한 회사에 40년 가까이 다녔으며 전직을 해본 경험이 없다. 그리고 퇴직 후 개인 회사를 설립해서 독립했다. 그래봐야 강연, 집필을 주로 하는 자유업으로, 창업이라고는 할 수 없다.

따라서 전직, 독립에 대해 논할 자격은 없다. 하지만 일반론적으로 볼 때 특기를 연마하기 위해서는 한 회사에 오래 근무하는 것이 효율적이다. 계획적인 경력 관리가 가능하기 때문이다.

이런 경우를 약간 과장해서 표현한다면 '특기를 기르기 위해서는 되도록 한 회사에서 오랫동안 근무하는 것이 좋다'. 좀더 부드럽게 표현한다면 '개인과 회사는 양립하면서 성장하는 것이 바람직하다'고 할 수 있다.

주위를 살펴보라. 전직이나 독립을 해서 성공한 예는 극히 드물다. 성공할 확률보다 실패할 확률이 더 크다. 전직이나 독립을 권하는 사람은 극히 일부의 성공자이며 다수를 차지하는 실패자들은 입을 굳게 다문다. 그러나 같은 회사에서 오랫동안 근무하면 서로 생각을 잘 아는 동료, 부하직원, 상사, 고객과 관계를 유지하면서 마이워크, 롱워크를 설계할 수 있다.

나 역시 회사 안에서 생산, 기술개발, 연구개발, 상품개발, 해외사업, 신규사업 등을 할 수 있었다.

라이프워크도 마찬가지다. 조직에 속해 있는 동안 라이프워크를 발견하는 것이 최상이다. 현재 하고 있는 일에서 라이프워크를 발견하라. 업무 중 자신의 기술을 연마할 수 있기 때문이다. 기술이란 간단히 말하면 전직이나 독립을 할 수 있는 지적인 힘이다.

# 5년 안에 완결할 수 있는
## 테마를 선정하라

　　　　　**자신의** 업무 안에서 라이프워크를 찾는 것의 장점은 이루 말할 것도 없이 많지만 그중 쉽게 생각해 낼 수 있는 것은 다음과 같다.

> 1. 효율성이 높다. 회사 근무시간 중에 기술을 습득할 수 있다.
> 2. 정보수집, 세미나 참석, 출장 등 회사의 기능을 전부 이용할 수 있다.
> 3. 회사라는 배경 덕분에 업계 최고수준의 사람들과 관계를 맺을 수 있다.
> 4. 실무는 물론이고 이론까지 업무를 통해 배울 수 있다.
> 5. 제안서 작성, 프리젠테이션 발표 등 표현의 장을 찾기 쉽다.
> 6. 5,000시간의 학습이 전문가로 가는 첫걸음인데, 그 시간을 회사

에서 채울 수 있다. 그리고 나서 가설 설정, 문화, 역사적 접근을 자기 시간 안에서 하면 된다.

7. 그 분야에서 '사내 1인자'가 되어 결과적으로는 회사 업무에도 기여할 수 있다.

8. 전직, 독립에 대비한 준비도 할 수 있다.

9. 정년퇴직 후의 노후설계가 쉬워진다.

라이프워크는 정년퇴직을 한 후에도 계속할 수 있는 것이 좋다. 가능하면 그 라이프워크를 정년 후의 일로 삼는 것이 이상적이다.

일단 5년 정도에 끝나는 테마를 계획하라. 성공한다면 몇 년 후에는 저절로 라이프워크가 되어 있을 것이다.

단, 업무 자체를 라이프워크로 삼는 것은 불가능하다. 회사라는 울타리 안에서 일을 하고 있기 때문이다. 예를 들어, 식품 영업을 하고 있는 사람은 식품 영업 자체를 라이프워크라고 할 수는 없다.

그렇다면 어떻게 해야 할까? 바로 대상을 식품 영업으로만 한정 짓는 것이 아니라 범위를 넓히는 것이다. 그러면 정년퇴직 후에도 계속 할 수 있고, 성공한다면 컨설턴트까지 될 수 있다.

즉, 라이프워크에는 L1과 L2 단계가 있는 것이다.

• L1 ― 현재 자신의 업무와 관련된 것
• L2 ― 업무 이외의 것

단순한 분류라고 생각할지 몰라도 상당히 중요하다. 우선 L1은 반드시 실행해야 한다. L1을 습득하지 않은 상태에서 갑작스럽게 L2를 선택하면 서로 관계가 없는 사항을 동시에 해야 하는 어려움에 부딪칠 수도 있기 때문이다. 만일 현재 하고 있는 일과 전혀 다른 직종의 일을 선택하고 싶다면 먼저 L1을 완벽하게 파악하라. 그러나 경험이 있는 L1을 선택하면 회사를 그만 두더라도 L2를 선택하는 데 큰 도움이 된다.


## 라이프워크가 부활할 때의 기쁨

현직시절 나의 L1은 '초콜릿의 역사'였다. 즉, 초콜릿에 관한 실무, 이론, 역사, 문화 등 초콜릿에 관한 모든 것을 포괄하는 종합적인 테마였다. 하지만 내가 현직에 있을 때는 그것이 화려한 L1이었으나 회사를 그만두자 보잘것없는 L2가 되었고, L1을 활용할 수 있는 자리는 한없이 좁아져버렸다. 연구는 계속하고 있지만 더 이상 '일'이 아니라고 생각하자 의욕이 사라져버렸다.

이처럼 좁은 범위의 기술을 라이프워크로 삼은 사람은 응용범위 역시 좁아지기 때문에 정년퇴직 후에는 자신이 유일한 능력인 그것과 전혀 관계없는 세계로 들어가게 된다. 따라서 일하고자 하는 의욕이 사라지고 L1은 실태가 없는 라이프워크인 'L0'가 되어 소멸해버릴 위험이 커진다.

얼마 전 '정년 후 삶'이라는 TV 프로그램에서 한 접착제업체 직원이 퇴직한 후에 느끼는 공허함에 대해 한탄하는 것을 보았다. 그것이 바로 L1이 L0가 되면서 느껴지는 허무함이다.

그러다가 그 사람은 슈퍼마켓 전단지를 보고 파트타임 직원을 지원해 접착제 코너에 배정되었다. 그 때의 기쁨은 특별했다고 한다. 보수는 얼마 되지 않지만 매장에 오는 어린이들의 상담을 들어주거나 사원연수를 담당하면서 삶의 보람을 느끼게 되었다고 한다. L1이 부활한 것이다. 회사를 그만두고 나서도 현직시절과 같은 분야의 일을 함으로써 행복감을 느끼는 것이다.

나에게도 비슷한 경험이 있다. 퇴직 후, 더 이상 초콜릿과 관련된 일은 없을 것이라고 생각했던 시절에 어느 제과 수입업체로부터 외국에서 수입한 초콜릿의 품질에 이상이 있으니 현지에 가서 제작과정을 확인해 달라는 요청이 있었던 것이다. 열흘 정도 현지로 출장을 가서 문제를 해결했을 때의 기쁨은 이루 말로 표현할 수 없다. 완벽한 L1은 아니었지만 L1.5 정도까지 되돌아간 느낌이 들어 매우 기뻤다.

현재 여러분이 머물고 있는 회사 업무와 일생 동안 해야 하는 일인 라이프워크와의 관계의 미묘함을 L1과 L2라는 개념을 통해 해결하기 바란다.

# 장기계획의 실마리를 마련하라

제대로 된 기술을 습득하려면 먼저 계획을
잘 세워야 한다. '나는 컴퓨터도 남들만큼 다룰 줄 알고 영어도 웬
만큼 할 줄 알어'에 그쳐서는 안 된다. 한 가지를 해도 깊이가 있어
야 한다. 자신이 배워야 하는 기술을 배우기 시작해 최소 15년은
투자해야 한 분야의 전문가로서 인정받을 수 있다는 점을 명심하
기 바란다. 하루하루를 정해진 흐름 안에서 물 흐르듯이 휩쓸려 흐
르기만 해서는 절대 롱워크, 라이프워크의 수준에 도달할 수 없다.

여러분이 현재 30대라면 앞으로 10년 동안 닦아야 할 기술이 무
엇인지 진지하게 생각해 보길 바란다. 지금 당장 자신을 변화시키
려면 장기적 시야를 갖는 것이 가장 효과적이라는 뜻이다. 여러분
에게는 장기적인 계획이 있는가? 다음 질문에 답해 보길 바란다.

- 남에게 자신 있게 소개할 수 있는 기술이 있는가?
- 앞으로 더욱 닦고 싶은 기술이 있는가?
- 회사에 독창적인 제안을 해 본 적이 있는가?
- 경력 관리에 대해 생각해 본 적이 있는가?

대부분의 사람이 이 모든 항목에 'No' 라고 대답했다.

대규모 금융사 간의 빅뱅이 큰 관심을 모았던 시대의 한편에는 '샐러리맨 무한경쟁시대' 의 개막이 있었다. 그리고 이번에는 샐러리맨 빅뱅이다.

고용에 대한 보증도 사라진 지 오래다. 전문 분야가 없는 관리자같은 애매한 자리는 더 이상 설 자리가 없다. 단순 노동력이 필요한 간단한 업무는 이제 아웃소싱으로 충분해졌다.

현대사회는 회사 안팎에서 두루두루 통용되는 전문가를 원한다. 이제 기업체에서도 숫자만 많은 무의미한 대규모 공개 채용보다는 어느 분야에 몇 명의 전문가가 필요한 지 분석하여 그 분야의 달인을 비공개적으로 채용하는 수시채용이 늘어나고 있는 상황이다. 회사에서 실시하는 사원 연수제도 역시 회사의 평균적인 수준을 올리기 위해 시행되는 것이 아니라 낙오자를 골라내 '어떻게 하면 소수의 직원을 전문가로 키울수 있을까' 하는 점에 중심을 두는 시대가 왔다.

경영이란 '시대적 변화에 발 빠르게 대처해 회사를 존속시키는 것' 이라고 할 수 있는데, 이 이론은 개인도 마찬가지다. 인재에 대한 회사의 수요가 변화하는 가운데 개인도 자기방어를 해야 한다. 그러기 위해서는 현직시절부터 가상 회사를 설립하고 경영자의 마음가짐을 갖는 훈련을 해야 한다. 개인 미디어, 강연은 모두 이를 위한 준비 과정이다.

H(취미)와 L(라이프워크)을 가능한 한 많이 가지고 변화에 대응하여 L1으로 전환시키자.

현직시절에는 L1에 가까운 것을 가지고 있던 많은 샐러리맨들이 회사를 떠나면 그것을 잃어버린다. L1은 사내에서밖에 통하지 않으므로 밖으로 나가면 금세 마각을 드러내어 L0가 되기 때문이다.

## 취미를 활용하라

나는 내가 현직시절에 취미로 하던 마케팅 강연을 그 당시에는 라이프워크로 인식하지 않았다. 하지만 지금 생각해 보면 현직에 있었을 때는 L1.5였던 것 같다. 그리고 정년퇴직 후 개인회사를 차리고 보니 그것이 현재의 대표적 업무가 되었고, L1이 되어있다.

나의 경우를 예로 들겠다.

♠초콜릿과 카카오의 역사

　현직시절 ― L1

정년직후 — L2

현재 — L1.5


♠히트상품개발, 마케팅

현직시절 — L1.5

정년직후 — L1

현재 — L1


앞에서 말했듯이 L1은 현재의 업무와 관련된 테마다. 그렇다면 지금 당장 자신이 하고 있는 일을 그만두었을 때 그 L1이 전직이나 독립할 수 있는 특기가 될 수 있는지 점검해 보자.

L2는 일과 무관한 분야의 라이프워크이며 일반적으로 음악사, 서양사 연구 등 지적생산과 관계가 있는 테마가 많아서 L1으로 삼기는 어렵다. 그러나 평생 L2의 위치에 있더라도 큰 의미가 있다.

회사에 있는 동안 L1을 두 가지 정도 찾아두자. 업무 가운데도 자신 있는 것, 혹은 장래가 유망한 분야에 초점을 맞추면 찾기 쉽다.

'LH' 도 있다. 평소에 취미(hobby)로 가졌던 것을 정년 후에 L1으로 삼는 예다. 취미를 라이프워크로 삼기 때문에 LH지만 그것을 일로 삼으면 LH1이 된다.

정년퇴직 후 나무를 좋아해 정원 가꾸는 법을 배워 정원관리사가 된 A씨에게 나는 1년에 한 번씩 우리집 마당의 정원수 손질을 부탁하고 있다. A씨는 좋아하는 일을 하면서 돈도 벌고, 또 부탁하는 사람들은 고마워하니 행복하다고 한다.

　나의 바둑 스승인 N씨는 바둑을 쉽게 가르치는 것으로 유명하다. 그는 현재 70살이 넘은 나이에도 60여 명의 제자를 가르치고 있다. 그는 아마추어 6단인데, 샐러리맨 시절부터 '나중에 바둑교실을 열어야지' 하며 어떻게 하면 딱딱한 바둑을 쉽게 설명할 수 있을지에 대해 끊임없이 생각해 왔다고 한다.

　둘 다 LH2를 LH1으로 삼은 예다. 이것도 하나의 방식이 될 수 있다.

　사진, 원예, 회화 등 취미 수준이었던 것을 라이프워크로 끌어올릴 수도 있다. 정년을 계기로 새로운 일을 시작하고자 하는 사람에게는 취미로서 평소에 익숙하던 것을 라이프워크로 전환할 수 있는 것보다 더 좋은 도구는 없을 것이다.

# 3장 기술은 한가지로 집중시켜라

## 높이 평가받는 기술을 배우는 법

# 좋아서 선택하고 **재미있어서 계속한다**

전환기에 대비하여 자신을 바꾸려고 할 때 가장 중요한 것은 테마의 내용이다. 무엇을 자신만의 기술로 삼을지 결정해야 한다. 제대로 된 테마가 결정되었다면 이제 노력만 하면 된다.

성과(특기) = 테마 × 방법 × 시간

테마란 목표이며 방향이기도 하다. 테마를 결정하는 데에는 정해진 방법이 없다. 좋아하는 것, 잘 하는 것, 앞으로 하고 싶은 것을 우선 일 안에서 찾아보자. 여러분이 정리해고를 당해도 당황하지 않을 수 있을만한 특기여야 한다. 나는 마케팅 분야에서 하나의 상품판별법을 개발했는데 그것은 특기에도 그대로 적용된다.

- 남들과 다름
- 놀라움
- 쉬움
- 이익(도움이 되는)

단, 여기까지 이르는 데는 상당한 경험이 필요하다. 따라서 특기는 일과 관련이 있는 것이어야 하고 자기가 현재 하고 있는 일에서 찾는 것이 바람직하다.

그러나 테마가 나쁘면 아무리 공부를 해도 의미가 없다. 남들을 놀라게 할 정도의 특기를 마스터하는 것이 이상적이지만 그게 어렵다면 적어도 남들과 차별화 된 특기를 습득해야 한다. 영업, 경리, 인사, 생산, 개발, 마케팅과 같은 큰 장르로 방향을 정한 후 그 안에서 더욱 세분화해 나가자. 정년 후에도 쓸모가 있는 특기로 할 것인지 아닌지도 검토의 대상이 된다.

테마가 자신에게 맞으면 공부 방법은 저절로 만들어진다. 오랜 시간을 들이는 것도 고통스럽지 않다. 특기의 내용, 즉 테마가 가장 중요하다는 사실을 다시 한 번 강조한다.


## 테마 선택에 있어서 중요한 여섯 가지 체크포인트

다음 네 가지를 기준으로 테마를 찾아보자.

1. 자신이 좋아하는 테마를 선택한다.

2. 그것을 회사 업무와 연결시킨다.

3. 그 특기가 전직, 또는 독립할 수 있는 테마인지 확인한다.

4. 가능하면 퇴직 후에도 통하는 특기를 선택한다.

그리고 매년 다음 리스트로 점검을 한다. 테마의 정기적인 업그레이드라고 할 수 있다.

1. 정해진 테마는 자신의 파워가 되고 있는가?

2. 지난 일년 간의 공부로 수준이 향상되었는가?

3. 자신의 강점, 특기를 남에게 설명할 수 있는가?

4 그 특기로 회사에 기여할 수 있었는가?

5. 특기를 외부에 발표한 적이 있는가?

6. 강점, 특기로 인해 자신의 인생이 풍요로워지는가?

답이 'No'일 경우에는 테마부터 다시 한 번 생각해야 한다. 테마를 정할 때는 상당히 엄격하게 할 필요가 있다. 자기만족의 세계에 빠지지 않도록 주의해야 한다.

또, 발전이 늦는 경우에는 공부하는 방법과 시간을 수정해 더욱 집중해야 한다. 예를 들어 회사 내외의 유능한 사람들과 접촉하고 기회가 있을 때마다 자신이 하고 있는 일을 설명한다. 특히 상대방이 흥미를 느끼는 부분을 더욱 강화한다.

나의 경우, 우선 사내의 아는 사람끼리 스터디그룹을 조직했다. 자기 혼자 해버리고 끝나는 발표가 되지 않도록 주의했으며 테마가 있는 사람들은 마음껏 이야기 할 수 있도록 했다. 주로 해외 출장보고나 새로운 테마의 제안, 자신의 강점 분야의 최신 토픽 설명 등을 하며 모임을 이어나갔다. 또 나는 외부 원료공급업자에게 강연할 기회를 달라고 부탁한 적도 있다. 스스로 적극적인 태도를 가져야만 앞으로 나아갈 수 있다.

발표의 장이 확보되면 철저한 준비에 들어간다. 발표는 한 시간 정도가 되도록 설계한다. 발표가 끝나면 강연회에 참석한 사람들과 맥주라도 한 잔 하며 반응을 확인한다.

이것을 되풀이한다. 일단 끊지 않고 계속할 수 있으면 성공한 것이다.

# 회사에서 닦을 수 있는 기술을 찾는다

인생에 있어서 회사, 비즈니스는 매우 중요한 의미가 있다. 회사에서든 회사 밖에서든 사회생활에 몸담고 있는 기간은 일반적으로 40년 가까이 된다. 인생을 80년이라 생각했을 때 약 절반이다. 물론 실무적인 업무에 직접 관여하는 시간은 이것보다 짧지만 중요도를 고려하면 비중은 더욱 커진다.

인생을 4단계로 나누어 20년씩 4계절로 나누면 조직에 속해 있는 기간인 20세에서 60세까지는 여름과 가을이라고 볼 수 있다. 20세까지였던 봄에 축적한 에너지로 여름을 보내고, 40세를 넘기면서 수확기인 가을을 맞이하는 것이다. 그야말로 인생의 황금기이며 가장 활동적인 시기다.

회사에 다니며 업무를 통해 결실을 맺는 이 기간은 인생에서 큰 의미가 있다. 젊은 시절, 에너지를 분출해야 할, 인생의 황금기에 성과를 거둘만한 일을 아무 것도 하지 않고 보내는 것은 쓸쓸한 일이 아닐 수 없다. 그 시기를 어떻게 보내느냐에 따라서 나머지 인생의 상당 부분이 결정되기 때문이다.

회사생활에서 얻는 것은 지위나 돈뿐이 아니다. 나만의 특기, 심맥, 인간성 확립도 매우 큰 부분을 차지한다. 이것이 구체적으로 확립되어 있으면 60세 이후의 겨울이 와도 두렵지 않다. 비즈니스 생활이 순조로우면 정년 후는 오히려 더 풍요로운 계절이 된다.

전직이나 독립을 위한 특기를 평생에 걸쳐 닦아야 한다. 자신의 특기를 갈고 닦는 장으로 어느 분야를 선택할 것인지가 그 출발점이 된다. 재무나 생산기술과 같은 장르를 정하고, 가능한 한 세부 사항까지 구체적으로 압축한다. 그리고 문서로 작성해둔다. 이제 그 분야에서의 최고를 목표로 하고, 최고가 되기 위해 익혀야 할 기술을 연마한다. 사내 일류, 업계 일류를 목표로 하는 동시에 다른 업계에서도 통하는 특기라면 더할 나위 없이 좋다.


## 실습기간을 언제까지로 정할 것인가

초기에는 일을 통해 특기를 닦는다. 여러 가지 일을 경험해 보면서 자신에게 맞고 평생 동안 하고 싶은 기술을 찾는다.

30대 전반에는 습득해야 할 기술이 무엇인지 결정되어 있는 것이 바람직하다. 지금까지의 기업은 전 사원이 기업과 관련된 모든 업무를 경험해 봐야 한다면서 인사과에 있던 사람을 어느날 영업부에 배치시키는 등 기업 전반에 관련된 일을 한 번씩 해보는 로테이션 제도가 있었지만 앞으로는 그런 여유가 없다. 기업도 개인의 특성화, 차별화를 추구하고 있다. 그러므로 여러분은 방향을 정하고 경력 계획을 세워 업무를 통해 기술을 연마해야 한다. 간단하게 말하면 회사를 이용해 특기를 습득하는 데 힘을 쏟는 것이다.

이것은 결코 양심의 가책을 받는 일이 아니다. 자신의 특기 분야에서 얻은 새로운 테마를 회사에 제안하면 되지 않는가!

그렇게 되면 지금까지의 입장이 역전되어 회사로부터 테마를 부여 받는 것이 아니라 회사에 테마를 제공할 수 있게 된다. 이 시기가 비즈니스 생활의 전환에 해당되며 바로 이때, 개개인의 자아가 확립된다.

그리고 회사에 자발적으로 생각해 낸 아이템을 제안하는 단계가 마이워크이다. 물론 회사로부터 주어진 테마도 수행하는 동시에 마이워크의 수를 서서히 늘려나가야 한다. 이 단계에 들어설 수 있는지 여부가 비즈니스 인생을 크게 좌우한다.

가장 위험한 경우는 무엇을 자신의 특기로 삼아야 할지 모르는 사람이다. 많은 사람들은 이 때문에 고민한다. 그러나 '나는 무엇을 해야 하는가' 라는 질문에 조언을 해 줄 수는 있지만 정확한 답은 줄 수 없다. 구체적인 방법론에 대해서는 뒤에서 설명하겠다.

특히 주의해야 하는 것이 관리직에 있을 때다. 부하직원을 거느리고 정작 자신은 자질구레한 일을 하지 않아도 되니 너무 편안하다. 그러나 트집만 잡으면 되는 편안함에 젖으면 여러분이 실무자였을 때 갈고 닦아왔던 특기는 향상되지 않는 것은 물론이고 오히려 쇠퇴하고 만다.

단적으로 회사에서 관리직 위치에 머물러 보았는가 아닌가는 그저 개인의 추억 차원에 불과하다는 사실을 기억하자. 기업에서의 관리직은 막상 회사를 그만 두고나면 아무런 의미가 없다. 어느 지위에 오르게 되면 쉽게 이에 의존하는 사람이 많은데 이는 경계해야 한다. 한 기업에서의 관리자일 뿐 여러분이 독립해서도, 혹은 전혀 모르는 다른 업종에서도 그 관리직이라는 직함이 통한다는 사실은 버려야 한다.

그러나 일반적으로는 회사에서 주어진 업무에만 충실한 테마워크에서 끝나는 사람이 대부분이다.

운 좋게 실적을 내고 관리직으로 승진한 후, 운이 좋으면 몇 년 뒤 임원직에 오르게 되고 명예퇴직을 당하든지 정년퇴직을 당하여 어느새 일선에서 물러나게 된다. 관리직 시절에 하던 일이라고는 오직 지시내리는 일 뿐이었다. 이런 사람이 회사 밖으로 나와 설 자리를 잃는 것은 불을 보듯 뻔한 일이다.

마이워크의 단계에 있을 때, 회사에서 자신의 특기 분야를 만들어 그 특기를 발휘해 회사에 기여하자.

# 연령대별 **계획을 세우자**

마이워크 다음으로는 롱워크, 라이프워크
로 이어진다. 목표물을 겨냥해서 수렵을 하는 것이 마이워크라면,
땅을 갈아 씨를 뿌리고 물과 비료를 주는 농경의 세계가 바로 롱워
크와 라이프워크이다.

마이워크와 롱워크 사이에는 상당한 거리가 있다. 언뜻 보면 마
이워크에 전념하는 것이 더 멋있고 수준 높은 것처럼 보이지만 거
기에는 장기적 시야가 결여되어 있고 인간적인 매력을 느낄 찰나
도 없다. 또 방향이 정해지지 않아 무엇을 하고 싶은지 자신도 모
른다.

내 동료이자 친한 친구인 H씨는 개발과 생산 분야의 베테랑이
다. 그는 공장의 생산부서로 자리로 옮겼을 때 합리화, 에너지 절
약, 환경대책 등의 장기적 비전을 발표하고 각각의 구체안을 실행

해 나갔다. 그때까지는 마이워크를 반복하여 나름대로 실적을 올리고 있었는데 생산부서로 자리를 옮기자 독자적인 이론을 수립하여 누구든지 이해할 수 있는 방향으로 나간 것이다.

예를 들어 설비효율화를 실행할 때, 일반적으로는 기계의 속도를 올리기 위한 방법을 고안하는 것이 상식인데, 반대로 회전수를 낮추어 종합가동률을 올리려 했다. 이러한 발상이 언뜻 보면 쉬워 보이겠지만 눈앞에서 일어나고 있는 일을 철학적으로 보지 않으면 좀처럼 생각해내기 어렵다.

구체적인 운영방침은 매년 달라졌지만 그 근간에 흐르는 사상은 같았고 단계별로 구체적 방안이 변화했다. 마지막에는 가장 규모가 큰 공장의 최고책임자가 되었는데, 큰 흐름을 만들고 잇따라 아이디어를 내면서 직원들을 이끌어갔다. 그는 정년퇴직 후 독립하여 컨설턴트로 활약하고 있다.

나는 그가 마이워크에서 롱워크를 선택하고 라이프워크로 발전시켜 나가는 모습을 줄곧 지켜보았는데, 그의 전환은 놀라웠으며 마지막 단계인 독립도 훌륭히 해냈다. 아마도 근무하던 회사도 그들의 단골고객이 될 것이다.


## '특수한 기술'에서 '언제 어디서나 통하는 기술'로

여기까지의 흐름을 정리하면 다음과 같다.

- 테마워크 ─ 입사 후~20대 말

- 마이워크 ─ 30대 전반

- 롱워크 ─ 40대 전반

- 라이프워크 ─ 40대

이것을 기술적인 면에서 보면 다른 업종에서도 통하는 기술을 갖자는 결론이 나온다.

기술에도 여러 종류가 있다. 우선은 사내업무로 그 회사에서만 통하는 기술을 배우게 된다. 나는 식품회사에서 생산기술과 마케팅, 이 두 가지를 담당했는데, 생산기술에서 매우 큰 비중을 차지하는 부분은 품질관리와 기술개발, 그리고 비용절감이다. 내가 회사의 고유기술을 습득한 20대에 이것을 무기로 실적을 올린 적이 있었다.

그러다 보니 독특한 이론, 노하우가 생겼으며 다른 분야에서도 통하는 기술이 형성되었다. 특히 품질관리, 비용절감 등은 방법상 공통점이 많아 자기만의 독특한 기술을 개발하기 쉽다. 하지만 한 회사에서만 통하는 특기는 별 의미가 없으며 앞으로도 발전 가능성이 없다는 사실에 유의하자.

예를 들어 재무관리를 할 줄 아는 사람이라면 테마워크뿐 아니라 독자적으로 투자 계획을 세우거나, 비용절감을 위해 필요한 지식을 습득하는 방법으로 플러스알파를 계속 더해간다. 생산기술이라면 비용분석이나 가동률 향상을 위한 기술, 합리화 이론 등 공통

적인 기술을 연마해서 어느 관련 업체에 가더라도 사용할 수 있어
야 한다.


## 기술을 발견하기 위한 세 개의 관문

먼저 좁은 범위의 기술을 습득하고 서서히 범위를 확대시키면서
깊이 들어간다. 어느 장르에서나 테마를 압축시키면 연마해야 할
언제 어디서나 통하는 기술을 쉽게 발견할 수 있다.
　자신의 기술이 일반적으로도 통용되는 것인지 알아보자.

> 1. 타사, 타업종 사람 앞에서 자신의 업무에 관해 자세히 이야기할
>    수 있는가? — 강연
> 2. 그 내용을 리포트로 작성할 수 있는가? — 저작
> 3. 이야기를 듣고 리포트를 본 상대방이 새로운 시도를 실행하고 싶
>    은 의욕을 느끼는 것을 본 적이 있는가? — 컨설팅

　기술이 확실해지면 어디에서나 통할 수 있는 기술로 발전
시키는 것은 그렇게 어렵지 않다. 단숨에 상급수준을 목표
로 하는 것이 아니라 서서히 향상시켜 나가는 것이 자신의
기술을 크게 발전시키는 지름길이라고 할 수 있다.

# 전문가가 되자

특기가 있는지 없는지의 점검은 앞에서 말
한 것처럼 간단하다. 그러나 괄호 안에 제시한 강연, 저작, 컨설팅
수준에 도달하려면 상당한 시간을 투자해야 한다. 이에 관한 간단
한 점검법이 있다.

1. 가지고 있는 특기로 전직이 가능한지 생각해 본다.

2. '나는 이것을 할 수 있습니다' 라고 다른 사람에게 자신을 홍보
   할 수 있는지 생각해 본다.

3. 내가 없어졌을 때 현재 내가 하고 있는 일은 어떻게 될 것인지 생
   각해 본다.

회사는 조직으로 움직이기 때문에 한 사람이 없어져도 단기적

으로는 실적에 큰 영향을 받지 않는다. 그러나 핵심 기술을 가진 사람이 없어지면 2년에서 3년 안에 반드시 영향을 받게 된다. 그렇다면 회사에서 중요한 존재로 인정받아야 하지 않을까? 이것은 전환기를 준비하는 일과도 불가분의 관계가 있다.

전직이 아니라 독립을 하려고 한다면 자신의 특기를 더욱 엄격하게 평가해야 한다. 독립의 경우 고객을 개척하고 자신의 우수함을 인정받는 것에 잘 사느냐, 못 사느냐의 문제가 달려 있기 때문이다.

시대와 함께 산업구조도 변화하고 있으며 정보산업에서 볼 수 있듯이 비즈니스 기회도 늘고 있다. 이러한 때일수록 자신의 세일즈 포인트가 무엇인지 늘 파악해 두자. 다음에 따라 종이에 메모해두고 그 수준이 어느 정도에 도달했는지 정기적으로 점검할 수 있는 방법이 있다.

### 테마 마케팅의 독자적 이론과 실무

- 구체적 상품화계획에 대한 컨설팅 가능
- 일반적인 마케팅에 대해 강연과 저작 경험이 있다.
- 독자적인 상품가치 판단력을 개발했다.

위와 같은 기술로 기업의 컨설팅이 가능하다. 이렇게 강연, 집필 경험을 계속 쌓아 자신을 PR하고 독립할 수 있는 수준에 도달할 수 있도록 기술을 계속 연마한다.

아무런 기술이 없다면 전직이나 독립이 불가능할 뿐 아니라 현재의 근무처에서도 승진에서의 탈락, 구조조정 리스트에 오르는 등 경쟁력이 떨어지게 된다. 아무 기술도 없이 마른하늘에 날벼락 맞기 전에 미리미리 준비해두자.

미래는 프로 비즈니스맨의 시대이다. 즉, 기술이 있어야 취업할 수 있다는 뜻이다. 전직과 독립은 기술이 있어야 가능하다는 사실을 잊지 말기 바란다.


## 왜 진정한 전문가는 제너럴리스트인가?

아무도 모방할 수 없는 특기를 갖는다는 것은 제너럴리스트가 된다는 뜻이다. '제너럴리스트' 란 무엇이든 할 수 있는 능력을 가지고 있는 사람을 말한다. 사전적 의미로는 '다방면에 능력, 지식이 있어서 전체적으로 판단할 수 있는 사람' 이다.

이에 반해 '스페셜리스트' 는 한 분야에 전문가를 뜻하며, 전문기술을 가진 사람을 말한다. 그러나 제너럴리스트는 이와 반대라고 생각하기 쉬워 무엇이든지 할 수는 있지만 전문 분야가 없는 사람이라는 일반적으로 부정적인 이미지를 가지고 있다.

그러나 진정한 제너럴리스트는 상당히 높은 수준의 특기를 가진 사람이다. 이는 경영자가 가져야 할 덕목이기도 하다. 미래가 불투명한 현대에는 이러한 사람이야 말로 필요한 사람이다.

즉, 말을 달리하면 제너럴리스트는 '경영의 스페셜리스트' 라고도 말할 수 있으며 '문제 해결의 달인' 이라고도 할 수 있다.

비즈니스에서 발생하는 문제는 다양하며 복잡하다. 그러나 모든 조직에는 이익 확보, 매출 확보와 같이 공통적인 테마가 있으며 문제해결의 기법에는 공통점이 있다.

그래서 최고경영자는 다른 업계로 전직하는 일이 많다. 또, 여러 분야에서 경험을 쌓은 사람 중에는 그 풍부한 경험을 높이 평가받아 또 다른 업종에서 활약하는 사람이 많다.

마케팅도 사정은 마찬가지다. 다루는 상품, 서비스는 다르지만 기본적인 마케팅 전략에는 상당한 공통점이 있기 때문이다.

나는 다양한 업종에서 마케팅에 관련된 강연을 했다. 처음에는 다루는 상품이 다른 분야인 만큼 '이야기가 통하지 않으면 어쩌나' 걱정했는데 실제로 강연을 해보니 상당히 공통요소가 많다는 사실을 알 수 있었다.

어느 업계나 상품, 서비스의 내용은 다르지만 모두 같은 문제를 안고 있다. 그만큼 각 업계는 성숙 단계에 도달해 비슷한 상태가 되었다고도 말할 수 있다. 어느 한 분야에서 우수한 기술을 가진 사람은 다른 업계에서도 활약할 가능성이 있다.

이것이 전문 기술을 갖춘 사람이 스페셜리스트로서도, 제너럴리스트로서도 활약할 수 있는 이유다.

하물며 경영자는 모든 점에서 공통점이 있다고 할 수 있다. 생산, 개발, 영업, 재무 등 실무자로서의 경력도 나름대로 의미가 있기는 하지만 경영에서는 이 모든 것을 초월하는 선견지명, 결단력, 통솔력이 요구되기 때문이다. 전문성을 가지고 다양한 체험을 쌓아온 경력은 귀중하며 이에 따라 미래의 경영자는 모든 분야에 정통한 제너럴리스트여야만 한다.

스페셜리스트의 궁극적인 모습이 제너럴리스트라고 생각하자. 스페셜리스트에서 제너럴리스트가 되는 길은 이 책에서 말하는 전환 그 자체다. 지금 당신은 '내가 어떻게 최고경영자가 되겠어' 라며 상상조차 못할 수도 있다. 그러나 자신을 계속 변화시킨다면 언젠가 다른 사람 위에 서는 날이 온다. 그것이 최고경영자일 수도 있다.

독립하면 경영자가 되는 것다. 독립하지 않더라도 관리직에 있는 사람은 부서를 경영자의 시각에서 바라볼 필요가 있다. 문제해결 방면의 프로로서의 제너럴리스트가 되기 바란다.

# 공부를 시작하자

일반적으로 어떤 분야에 대해 파악하려면
최소 500시간이 걸린다. 한 분야에 대해 다른 사람에게 설명할 수
있는 단계이다. 5,000시간을 투자하면 준 전문가 수준에 달한다.
사내에서 인정받을 수 있는 수준이며 자신의 특기 분야에서 프로
젝트를 제안할 수 있게 된다. 10,000시간 이상이 되면 강연, 저술이
가능한 수준이 되고 사내뿐 아니라 외부에서도 인정받게 된다.

- 50시간 — 입문자, 초보자
- 500시간 — 라이프워크로의 진입 단계
- 5,000시간 — 준 전문가. 대외적인 자리에서 발표 가능
- 10,000시간 — 전문가. 한 분야의 전문가로 알려짐

라이프워크로 진입하기 위해 투자해야 하는 시간은 500시간으로, 1년 동안 달성하려면 일주일에 10시간 투자해야 하므로 결코 짧은 시간이 아니다. 일반적으로 퇴근 후는 시간을 내기가 어렵다. 주말을 이용하려 하면 다른 일은 아무것도 못한다. 이처럼 직장인에게는 일정한 시간을 내는 것이 여의치 않아 대부분의 사람들은 포기하고 만다.

그러나 회사에 있는 시간을 이용하면 500시간을 쉽게 채울 수 있다. 롱워크, 라이프워크를 일에서 찾아야 하는 이유가 바로 여기에 있다.

여러분도 아마 어떤 분야나 기술의 실무수준에서 이미 500시간을 넘어섰을 것이다. 이제 남은 것은 여러분의 기술을 심화하는 과정이다. 일단 실무 차원에서 자립하고 난 다음 자신만의 전문성을 갖추면 된다.

처음에는 천천히 나아가는 것이 좋다. 새로운 관점이 필요한 공부를 시작할 때는 일주일에 최소한 1시간을 투자하는 것부터 시작하자.

일주일에 1시간을 하면 1년에 50시간밖에 안 되지만 처음부터 무리해서 속력을 내지 말고 천천히 시작하는 것이 왕도다. 그리고 선택한 테마가 자신에게 잘 맞으면 저절로 속도가 붙게 되어 일주일에 5시간 정도는 고생스럽게 여기지 않게 된다. 그렇게 되면 이미 절반은 성공한 셈이다. 그러나 아무리 해도 속도가 붙지 않을 경우에는 테마를 재검토하는 것이 좋다.

또 공부는 실무와는 다른 관점에서 접근해야 한다. 무리하지 않고 계속하는 것을 중요하게 생각하자. 그러다 보면 방향이 명확해지고 테마를 추구하는 일이 재미있어지며 공부 시간이 자연스럽게 많아진다. 그리고 어디에선가 전환이 일어나 다음 단계인 5,000시간에 도달하게 된다.

이 전환의 시기를 맞이할 수 있느냐, 없느냐가 관건이며 전환기를 맞지 못하고 언제까지나 타성에 의해 계속하게 된다면 테마 자체나 공부법에 문제가 있다고 생각해야 할 것이다.


## 기술을 배우는 네 가지 단계

실무 다음 단계로 이론과 가설을 만들 필요가 있다. 어떤 일이든 그 일을 전체적으로 파악할 수 있게 되면 이론과 가설을 세울 수 있다. 그리고 이것이 가능해지면 준 전문가의 수준에 도달해 사내에서 높은 평가를 받게 된다.

"당신의 특기는 무엇입니까?" 라는 질문에 언제까지나 실무 중심의 대답밖에 하지 못한다면 노력하는 재미가 없을 것이다. 만약 당신의 특기가 영업이라면 고객관리방법, 생산이라면 재고와 비용을 최소화한 생산 최적화, 마케팅이라면 상품판별법 등을 이론화하고, 가설화하는 것이 더욱 효과적이다.

우선 업무에 직결되는 부분을 확실히 익히자. 더 나아가 역사,

문화를 공부하면 회사 일과 직결되지는 않더라도 테마에 깊이가 생긴다.

역사와 문화 등 평소 그다지 친숙하지 않은 내용과 일을 연결시키면 사람들의 마음을 끌 수 있다는 사실을 알아두자. 적어도 전문가처럼 보인다.

이러한 흐름을 정리하면 다음과 같은 단계로 나눌 수 있다.

---

**제1단계**

누구나 좋아하는 분야가 있을 것이다. 그것을 업무 속에서 찾아보자. 자신의 업무 내용을 세분화해보는 것도 좋다. 좋아하는 일을 찾아 그것을 특기로 삼도록 해보자.

**제2단계**

테마를 전문적으로 연구한다. 전문서적을 통해 연구하는 방법도 있지만 실무를 통해 얻은 경험을 바탕으로 독자적인 이론, 가설을 만들어보자. 어디까지나 자신이 독자적으로 만든 이론, 가설이어야 한다.

**제3단계**

넓은 시야를 갖는다. 한 분야밖에 모르는 사람이 되지 않도록 하자. 실무, 이론뿐 아니라 역사, 문화에 대해서도 폭넓은 지식을 갖는다. 친숙하고 알기 쉬우며 누구나 관심을 가질 수 있는 것을 공부하자.

---

**제4단계**

여기까지는 공부의 방법론이었지만 그 다음은 발표 방법이다. 자연스럽게 습득한 부분에 대해 의견을 교환한다. 그러나 이때는 단순한 발표수준이 아니라 습득한 것을 자기 것으로 만들어 가능한 쉽게 풀어 말하도록 하자.

# 4장 기회를 놓치지 말라

## 우연을 운으로, 운을 실력으로 만드는 기술

# 꿈을 믿어라

인생에는 뜻밖의 전환기가 몇 차례 찾아온다. 그리고 우리는 그것을 '기회'라고 부른다. 이 기회가 도화선이 되어 큰 결실을 맺는 경우도 있다. 내 경험을 소개하겠다.

### ♠ 꿈

기술을 수출하는 것은 나의 오랜 꿈이었지만 당장 이룰 수 있는 꿈은 아니었다. 준비는 해왔지만 언제 실현될지 그 시기는 막연했다.

### ♠ 우연1

어느날 노동조합 간부로부터 조합 임원직을 맡아보지 않겠느냐는 제의가 들어왔다. 상사에게 의논했더니 도움이 될 테니 해

보라고 했다. 그래서 수락하게 되었고, 처음에는 지부집행위원 1년, 부지부장을 1년 맡는다는 계획이었는데, 업무가 익숙해 질 무렵 그만둔다는 게 어쩐지 아까워서 지부장직을 2년 더 맡게 되었다.

♠ 기회1

그때 조합으로부터 필리핀에서 열리는 전 세계 노동조합 연수 참가 희망자를 모집한다는 소식을 들었다. 주위의 추천도 있고, 좋은 기회라고 생각하여 참가를 신청, 필리핀대학으로 3개월 단기 연수를 갔다.

♠ 노력

필리핀에서는 영어와 스페인어를 열심히 공부했다. 또 귀국 후에도 전 세계 노동조합 운영 실태를 조사하고 자료를 수집하기 위해 외국인 관계자와의 미팅도 자주 가졌다.

♠ 우연2

귀국 후 미팅에서 만났던 외국인 가운데 필리핀 제과 회사의 이사가 있었다. 필리핀에서 배운 언어와 경험을 발휘해 대화를 나누다 보니 화기애애한 분위기가 되었다. 어느 대학을 나왔느냐고 물었더니 필리핀대학을 나왔다고 한다. 나도 필리핀대학에서 3개월 동안 유학생활을 했다고 말했더니 그는 놀라면서 설마 하는 의심스러운 표정을 지었다. 그래서 필리핀대학의 캠퍼스 모습, 정문 앞 기숙사, 마닐라 거리 모습 등을 자세히 이야기하자 의심은 완전히 사라지고 절친한 '동창생' 사이가 되었다.

♠ 기회2

그는 필리핀에서 출시할 새로운 제과 기술을 찾으러 일본에 왔다고 한다. 원래 내가 다니던 회사보다 더 큰 회사와 미팅을 할 계획이었으나 먼저 내가 다니는 회사와 상담을 진행하게 되었다. 그 무렵 일본에서 호평을 받고 있던 '엑스트루더'라는 기계를 사용해 신제품을 출시해보면 어떻겠느냐고 제안했더니 마음에 들어 했다.

♠ 꿈의 실현

상세한 자료, 견적서를 준비해서 마닐라로 와달라는 요청이 있어 2주 후에 마닐라로 출발했고, 한 달 후 계약을 체결했다. 스태프의 협력을 얻기는 했지만 협상은 거의 혼자서 한 것이나 다름없었다. 너무나 싱거운 성공에 나도 놀랐다.

꿈을 가지고 뜻을 안고 노력을 계속하면 언젠가 기회가 온다. 이 기회를 놓치지 않는 사람이 성공한다.

## 의지란 현실화된 꿈

'꿈'이란 희망, 소망 같은 것이다. 그것은 점과 같은 형태를 하고 있다. 이 꿈이 실현되면 더욱 큰 욕망이 생기게 되므로 그칠 줄 모르게 되는 경향이 있다.

'뜻'이란 마음속으로 다짐하는 것이다. 일에 적용하면 '비즈니스를 통해 무엇을 하고 싶은가'가 된다. 어떤 기술을 습득하고 회사에 어떻게 기여할 수 있으며 그것이 자신의 인생에 어떠한 의미를 갖는지 생각하는 것이다.

처음에는 실현 불가능해 보이는 일이라도 노력을 하면 반드시 실현의 기회가 온다. 기회는 적지만 꿈과 뜻이 있으면 틀림없이 찾아온다.

그러나 꿈만 따르다가는 오로지 회사 일만 생각하는 '회사형 인간'이 될 위험이 있다. 그러므로 꿈을 의지로 만들어야 한다. 단순한 소망으로가 아니라 마음속으로 다짐하자.

내적 성장에 의한 전환은 일반적으로 노력하면 가능하다. 그러나 이에 비해 외부조건의 변화에 의한 전환은 우연히 다가오는 경우가 많다.

우연, 즉 기회야말로 전환기의 시작이다. 언제 올지 모르는 기회를 꽉 잡고, 활용하기 위해 늘 나 자신을 변화시키고, 갈고 닦아야 하는 것이다. 그렇게 생각하면 하루하루의 노력이 즐거워질 것이다.

# 기회는 **수많은 우연으로** 만들어진다

내 꿈 가운데 하나는 언젠가 책을 쓰고 많은 사람들 앞에서 강연을 한다는, 어떻게 보면 전혀 샐러리맨답지 않은 것이었다. 너무나 막연하여 꿈으로 끝날 수도 있는 일이었다.

그러던 어느 날 우연히 회사 사보 팀으로부터 상품개발자로서 제품에 관해 원고를 써달라는 제의를 받았다. 잠시 망설이다가 상품개발과는 별로 상관이 없는 곧 출시될 신상품 마케팅에 대한 내 생각을 썼다. 의견을 발표할 기회나 통로가 없어 그저 막연히 생각만 하고 있었는데, 내 생각을 알리게 되어 스스로도 뿌듯했다. 큰 호응은 없었지만 이를 통해 약간의 만족감과 자신감을 얻을 수 있었다.

그리고 얼마 후 회사 사보를 본 어느 고객이 사외 강사를 맡아달라는 의뢰를 해와 1시간 정도 강연을 했다. 제목은 '비즈니스, 인생, 라이프워크' 였다. 이때부터 사람들 앞에서 이야기하는 것이 즐거워졌다. 신기하게도 외부에서 들어오는 강연 의뢰도 조금씩 늘어났다. 연습을 거듭하고 경험을 쌓아가다 보니 나만의 뼈대가 형성되었고 이론적 구성도 튼튼해졌으며 화제도 확대되어 갔다.

그 뒤로 많은 강연회에서 나를 초청했다. 자연스럽게 여러 분야의 전문가와 접촉할 기회도 많아졌고, 드디어 기회가 찾아왔다. 한 출판사의 편집자로부터 그 동안 강연했던 내용을 책으로 엮어보지 않겠냐는 제안을 받은 것이다. 뒤에 자세히 다루겠지만 강연 당시 청강생에게 증정했던 1인 신문이 흥미로웠던 모양이다.

본업이 직장인인 나로서 어떻게 해야 할지 고민해야 할 때가 왔다. 나는 '책을 쓰다니 시간이 엄청나게 들 텐데… 혹시 회사를 그만둬야 하는 것 아니야?,' '아니야, 이 기회를 놓치면 아마 두 번 다시 책을 쓸 기회는 없을 거야' 하며 갈등했다. 그러나 그렇게 생각한 것도 불과 30초 정도였다. 나는 곧 "해 보겠습니다"라고 대답했다.

기회는 수많은 우연의 반복으로 다가온다는 사실을 말하고 싶다. 만약 그 권유를 거절했다면 나에게 책을 쓸 기회는 없었을 것이다.

아마 많은 사람들도 이런 기회를 놓치고 있지는 않을까? 기회를 잡을 수 있는 '삼식(三識. 지식, 견식, 담식)' 중에 '담식(膽識. 견식에 결단력과 실행력을 더한 것 – 옮긴이)' 이 있는 사람이다. 밀어붙이는 의지 즉, 배짱이 두둑하지 않으면 기회를 잡을 수 없기 때문이다.

책을 출간하고 나니 강연 의뢰는 더욱 많아져 주말마다 전국을 다니며 '히트상품개발' 에 대해 강연을 하게 되었다. 의견을 발표할 기회가 많아지자 나의 지적생활은 크게 변화했다. 나에게는 큰 전환기를 경험한 듯했다.

그 후 저작, 강연, 컨설팅을 주요업무로 하는 '휴먼브레인' 이라는 회사를 설립해 독립할 수 있었던 것도 꿈을 품고 그 꿈을 이루기 위해 노력하는 동안, 기회는 반복된 우연을 가장해 다가왔고, 그 기회를 놓치지 않았기 때문이라고 생각한다.

# 여러 방면에 **네트워크를 설치하라**

앞에서 꿈, 기회, 노력에 대해 이야기했다. 꿈을 좇는 방법에도 여러 가지가 있어서 꿈, 기회, 노력을 삼위일체로 갖추는 것이 이상적이지만 현실적으로는 쉽지 않다. 대부분의 경우에는 크게 다음 세 가지 패턴으로 나뉜다.

♠꿈+노력 타입

꿈, 기회, 노력 중 노력이 결여되어 있는 사람은 어떨까? 이런 사람은 한 번에 크게 성공하고 싶어 하는 경향이 있다. 야망은 크고 뭔가 한바탕 크게 이루겠다며 의욕에 넘친다. 그러나 평소에는 아무 노력도 안 하고 그저 입으로만 꿈을 말한다. 정열적이고 성격이 밝아 사람들에게 인기도 많다. 그러나 잘 관찰하면 경박함이 금세 드러난다. 여러분 주변에도 이런 사람이 있을 것이다. 노력하지 않고 그저 크게 한 건을 하려는 사람은 어쩌다 한 번 운이 좋아 성공할 수 있을지는 몰라도 신세를 망치게 되는 큰 실패를 하게 마련이다.

## ♠ 꿈+노력 타입

꿈, 기회, 노력 중 기회가 없는 사람은 어떠한가? 이런 사람은 자기만의 세계에 빠져들기 쉽다. 꿈은 크고 노력도 한다. 꾸준히 꿈을 이루기 위해 노력한다. 그러나 아무리 애써도 다른 사람의 이해를 받지 못하며 어딘가 어두운 분위기가 감돈다.

이 타입에는 두 종류가 있다. 하나는 모처럼 기회가 왔는데 깨닫지 못하는 사람, 그리고 또 하나는 기회가 바로 눈앞에 와 있는데 안타깝게도 소심해서 그 기회를 놓치는 사람이다. 비약을 하기 위해서는 배짱을 키워야 한다. 큰 기회는 평생 한 번 올까말까 한 것이다.

## ♠ 노력+기회 타입

그렇다면 꿈, 기회, 노력 중 꿈이 없는 사람은 어떠한가. 이들은 심부름센터 같은 존재다. 꾸준히 노력도 하고 기회도 잘 활용한다. 재주가 있으나 그뿐이다. 확고한 목표가 없는 사람은 능력을 살릴 수 없다. 자기 혼자 만족하며 짧은 생애를 마친다.

이상 세 가지 패턴을 들었는데 우열을 매긴다면 어떻게 될까? 하나라도 결여되어 있으면 크게 성공하기는 어렵지만 내가 좋아하는 것은 '꿈+노력 타입'이다. 나 자신도 이 타입이었다. 꿈을 가지고 늘 노력하는 사람에게는 반드시 기회가 찾아온다. 이 유형의 사람은 절호의 기회가 왔음을 알아챌 수 있을 것이다.

이 기회를 살릴 수 있는지 여부는 지식이나 식견을 초월한 담식에 달려 있다. 기회는 평생 한 번 오는 것이다. 담식이 없으면 영원히 기회를 잡을 수 없다.

## 한 마리 토끼를 쫓으면 한 마리밖에 잡을 수 없다

'두 마리 토끼를 쫓는 자는 한 마리도 잡지 못한다'는 속담이 있다. 이것저것 손대지 말고 하나에 집중하라는 의미인데 이는 비즈니스 세계에서는 통하지 않는 격언이다.

미리 테마를 정해둘 필요는 있지만 비즈니스의 세계에서는 곳곳에 네트워크 망을 설치해 두지 않으면 한 마리의 토끼도 잡을 수 없다. 세 마리, 네 마리를 쫓아도 된다. 쫓지 않으면 실적이 나올리 없고 회사에 기여할 수도 없다. 나아가 전직이나 독립할 수 있는 기술이 있음에도 그것을 활용할 수 있는 자리가 없어진다.

세 마리 토끼, 네 마리 토끼를 쫓아야 한다. 비즈니스의 씨앗은 어디에나 있다. 자기가 하고 싶은 테마, 롱워크에만 집중하다 보면 기회의 확률이 낮아진다. 좁은 범위를 쫓는 셈이 되어 발전 범위가 줄어든다. 또, 하나에만 집중하면 다른 분야에는 흥미를 갖지 않게 되어 전반적으로 뒤쳐지게 된다.

그물을 크게 설치하고 사냥감을 노리며 기회를 기다리자. 기회는 절대로 놓치지 않는 것이 중요하다. 특히 단기적인 테마 가운데 시급하게 대처해야 하는 일에는 주의가 필요하다. 재해가 발생했을 때나 품질에 문제가 생겼을 때 등 기업의 운명이 걸려 있는 경우가 그렇다. 세상을 떠들썩하게 한 유키지루시 사건(일본의 유키지루시 유업에서 생산한 불량 우유를 마시고 소비자들이 집단 식중독을 일으킨 사건 — 옮긴이)에서도 대응이 늦고 부적절했다는 사실에 소비자의 분노가 폭발했다. 소비자의 반품이 발생했을 때는 모든 업무를 내던지고서라도 대책마련에 착수해야 한다.

'큰 곳보다 급한 곳' 이라는 바둑에서 널리 쓰이는 격언이 있다. 큰 곳이란 대국의 대세를 결정할 수도 있을 만큼 큰 곳을 말한다. 일의 경우에는 '여기에 총력을 다해 집중하지 않으면 성과가 나오지 않는' 시점이라고 볼 수 있다.

급한 곳이란 지금 수를 쓰지 않으면 말이 죽을 수도 있는 장소를 말한다. 클레임, 사고, 재해가 발생했을 때에는 롱워크나 라이프워크에 신경을 쓸 겨를이 없다. 온 힘을 마이워크를 지켜내야 한다. 시의적절한 대책이 이루어지면 이런 종류의 일은 짧은 시간 안에 처리가 가능하다. 틀에 박힌 일이 많지만 결코 얕잡아 보아서는 안 된다. 큰 일은 급한 일을 넘긴 다음에 착수하면 된다.

# 쉬고 싶을 때는 **천천히 하자**

꿈에 대해 이야기할 때 잊어서는 안 되는 것이 있다. 그것은 일류가 되기까지는 '시간'이 걸린다는 사실이다. 꿈은 꿈을 부른다. 하나가 이루어지면 더욱 큰 꿈이 생기며 그 욕망은 끝이 없다. 그러다가 자기 욕망밖에 모르는 사람이 될 수 있다.

그렇게 되지 않으려면 꿈의 실현이라는 큰 목표를 향해 나아가면서 자신이 하고 싶은 분야를 모색하고 그 안에서 어떠한 기술을 연마할 것인지 정해야 한다.

# 기회가 찾아오는 횟수는 노력에 비례한다

한 가지 분야에 정통하게 되면 부차적으로 범위가 확대된다. 그리고 또 새로운 테마가 전개된다. 기술을 닦는 것이 꿈을 이루는 첫걸음이 된다는 사실은 분명하다.

거듭 말하지만 기회가 오면 그것을 확실하게 잡는 것이 중요하다. 기회는 전환기로 이어지며, 그것을 통해 전혀 다른 세계가 열린다.

기회는 평소 기울이는 노력의 정도에 비례한다. 꿈의 실현이라는 큰 목표를 가지고 자신이 하고자 하는 분야를 모색하고 그 안에서 어떠한 기술을 연마할 것인지 정해 나가면 된다.

꿈의 실현과 기술의 연마는 동시에 실행할 수 있다. 어느 수준에 달하면 10년에 걸쳐서 실현할 테마로 목표를 높여 롱워크, 라이프워크의 수준으로 끌어올린다.

이 책에서는 특히 '라이프워크' 라는 단어를 많이 사용하고 있는데, 나는 이 단어의 의미를 '어떤 테마에 10년 이상의 시간을 투자하여 그에 대해 조사, 연구하고 그 결과를 독자적인 이론과 가설로 정리하여 보고서로 발표할 수 있는 것' 이라고 정의했다.

시간이 걸리면 많은 사람들은 중간에 좌절한다. 그렇기 때문에 한 번 테마를 정하면 끈기를 가지고 꾸준히 하는 것이 핵심이다. 쉬고 싶을 때는 천천히 하자.

# 나쁜 습관을 버리자

꿈, 기회, 노력과 같은 관점에서 생각하면 프롤로그에 등장한 나, 1장에서 나온 프리랜서 Y씨, 영업사원 Z씨의 변화는 어떠한가? 한 마디로 말하면 과거의 악습관과 결별함으로써 전환하는 데 성공했다. 여기서는 앞에서 본 세 명의 그 이후를 살펴보겠다.

### 프롤로그에 나온 나의 그 후

갑자기 해고된 나는 필사적으로 재취업할 곳을 찾았다. 다행히 외국계 회사에 근무하던 선배가 "국내 시장에 본격적으로 진입하기 위한 시장 개척이 필요한데 그것을 도와줄 전문가를 찾고 있다"고 하여 지원하였다. 월급은 전에 받았던 것보다 훨씬 적었지만 이것저것 따질 형편이 아니었다.

지난 번 회사의 전철을 밟지 않기 위해 전문 분야를 갖는 것을 목표로 업무에 임했다. 외국계 회사이기 때문에 영어는 물론, 제2외국어도 배우기 시작했다. 주로 시장조사 업무를 담당하게 되어 그 분야에 대해 자세히 공부했다. 한번 습득한 지식을 다양한 분야에 응용하다 보니 흥미도 생겼다. 업무와 관련된 세미나에도 자비를 들여 참석하였다. 그동안 업계에서 이름이 알려지게 되어 능률협회 등에 강사로 초빙을 받았다. 잡지에 글을 기고하게 되었고 자신감도 생겼다. 뉴욕의 본사에도 출장을 가고 외국인을 상대로 토론도 할 수 있게 되었다.

회사도 시장개척에 성공해 일본진출의 성적도 그런대로 좋았다. 내 제안 몇 가지도 채택되었으며 그에 따른 보람도 느끼게 되었다. 전직 후 5년 동안 필사적으로 일한 보람이 있었다. 전에 다니던 회사의 부장님이 하던 말의 의미도 알게 되었다. 즉, 전문성을 갖추게 된 것이다.

이제 나는 인생의 후반부를 어떻게 설계해야 할까? 다시 전직하거나 독립을 해볼까? 회사의 일을 하면서 공부도 하고, 회사를 위한 일이면서 나를 위한 일이기도 하니 일석이조나 마찬가지니까 말이다. 좀더 빨리 깨달았으면 더욱 좋았겠지만 늦지는 않아서 다행이다.

지금은 아주 보람 있다. 살아가면서 가장 만족스러운 나날을 보내고 있다.


## 프리랜서 Y씨의 그 후

안정된 직장이 없는 Y씨도 여자친구가 생기자 계속 프리랜서로 지낼 수는 없다고 생각하게 되었다. 결국 그는 결혼할 의사가 있음을 여자친구에게 말하면서 과감하게 털어놓았다.

"난 도저히 평범한 일에 흥미가 생기지 않아. 그래서 아르바이트를 하면서 근근이 살아왔지. 그런데 만약 당신과 결혼하게 되면 이대로 지낼 수는 없을 것 같은데 앞으로 나는 어떻게 하면 좋을까?"

그런데 간호사였던 그녀의 입에서는 의외의 대답이 나왔다.

"너무 걱정하지 마세요. 당분간은 제가 저축해놓은 것이 있으니까 어떻게든 꾸려나갈 수 있을 거에요. 굳이 큰 회사에 들어갈 필요가 있나요? 자신이 하고 싶은 일을 할 수 있으면 그것보다 더 좋을 수는 없을 거에요."

Y씨는 여자친구의 말에 놀랐다. 그래도 남편으로서 체면이 있으니 이름이라도 그럴듯한 회사에 들어가야 하지 않을까 하고 혼자 생각했기 때문이다.

"좋은 회사에 들어가도 정리해고를 당할 수 있고 회사가 파산할 수도 있고 어차피 장래를 보장받지 못하는 시대가 왔어요. 작아도 되니까 당신 하고 싶은 일을 하는 것이 좋겠어요."

"음… 그렇지만 내가 좋아하는 일이라봤자 고작 서핑 정도밖에 없는데."

"너무 멋진걸요? 서핑을 직업으로 삼는 건 어때요?"

"지금까지 난 그 왜 생각을 못했지?"

갑자기 눈앞이 밝아졌다. 며칠 후 자주 가는 서핑용품 전문점에 가서 상점주인과 상의했다. 그가 일단은 수습사원으로 받아달라고 부탁하자 상점주인은 "마침 동료가 가게를 오픈해서 도와줄 사람을 찾고 있으니 말해보겠다"고 했다.

또 Y씨는 서핑을 하는 다른 친구들에게도 조언을 구했다. 그러자 친구들은 "'서핑뉴스'와 같은 정보지 발행은 어떨까?," "자격증을 따서 학원을 여는 것도 좋은 방법이 아닐까?" 등 다양한 조언을 해 주었다.

얼마 전까지만 해도 취미가 일이 될 것이라고는 생각지도 못했었다. 결혼이 가져다준 큰 전환기이며 기회이기도 했다. 앞으로 힘든 일도 있겠지만 함께 극복하기로 여자친구와 맹세했다. 당분간은 수습사원으로 일하고, 독립은 3~4년 후에 하기로 목표를 세웠다.

## 영업사원 Z씨의 그 후

시대에 뒤처진 Z씨는 관리자코스에서 벗어나 홀로 생존해야만 했다. 전직에 대해서도 생각해 보았지만 전문성이 없는 그에게는 무리였다. 다행히 회사 상황은 나쁘지 않았기 때문에 마음만 먹으면 남아 있을 수는 있었다.

그러나 그는 무엇인가 새로운 일을 하고 싶다고 생각했다. 그리고 한참을 생각한 결과 고객에게 정성을 다한다는 그의 영업신념은 오직 '고객만족'에 있음을 알게 되었다. 그의 경우 고객과의 사적인 관계만을 중시하여 상품 가치에 대한 만족을 도외시하고 있었던 것이었다.

세미나에도 참석하고 몇 권의 책을 읽다 보니 자신에게 무엇이 부족했는지 깨달을 수 있었다. 그래서 그는 상사에게 자신의 실패 경험을 설명하면서 '바람직한 영업'을 추구하는 영업사원 연수를 맡게 해달라고 부탁했다.

Z씨 이때 마이워크를 제안한 것이다. 그는 상품지식을 공부하고 그것을 알기 쉽게 설명하는 방법, 고객과의 관계, 목표 달성을 위한 구체적 방법 등의 매뉴얼을 1년에 걸쳐서 만들었다. 그 결과 사내 세일즈 연수에도 강사로 불려가게 되었고 특유의 뛰어난 화술도 한 몫을 하여 젊은 영업사원들에게 인기가 많았다.

처음에는 A4 한 장 정도에 자신의 생각을 정리해서 나누어 주었다. 자신의 경험에서 비롯한 실패사례, 성공사례를 모아 '이렇게 하면 팔린다,' '이렇게 하면 안 팔린다'와 같은 세미나도 진행했다. 실무자로서는 멀어졌지만 관리자도 활약하기 시작한 것이다.

그 후로 실제 경험에서 비롯한 강연회는 점점 인기를 끌게 되었고, 지금은 다른 업체에서도 강연을 하고 있다. 아직 완벽한 형태의 회사는 아니지만 앞으로 다양한 분야의 사람들과 교류를 가지면서 '세일즈 연구소'와 같은 구체적인 회사를 설립할 계획을 세웠다.

앞으로 5년 정도 경험을 쌓으면 그 특기는 전직이나 독립이 가능한 기술 수준에 달할 것이다. 지금 당장 전직이나 독립을 할 생각은 없지만 자신이 가야 할 길이 보이는 것 같아 하루하루가 즐겁다. 사내에서의 승진은 크게 기대할 수 없어도 롱워크, 라이프워크로 이어질 것 같아 마음이 편하다.

# 5장

# '타성'과 '노력'을
# 혼동하지 말라

## 노력해도 안 되는 원인을 찾아 고쳐라

Self-Development Manual
**자기 발전** 매뉴얼

# 마음에도 휴식 시간을 주어라

현재의 자신에 만족하지 못하여 계기를 마련하여 변화하고 싶은데 자신의 발목을 잡는 가장 큰 걸림돌은 무엇일까? 바로 타성이다. 직장생활을 하면서 가장 무서운 것도 타성이다. 자신을 변화시키려고 할 때 가장 큰 장벽도 타성이다. 흔히들 과거를 부정하라, 지금까지의 자신은 모두 버리라는 말들을 자주 듣게 되는데, 사실 이처럼 어려운 일은 없다. 오랜 기간 유지해온 각각의 개성을 쉽게 버릴 수 없기 때문이다. 따라서 전환을 하기 위해서는 상당한 용기가 필요하다.

특히 30대가 되면 상당히 구체적인 의식을 가지고 전환을 해야한다. IT를 중심으로 크게 변화하고 있는 현대사회는 인터넷이 구석구석 스며들어 있고, 전자상거래와 닷컴 기업 등이 더욱 세력을 확장하고 있으며, 지방의 작은 회사가 기발한 아이템을 무기로 세계무대에 우뚝 서는가 하면 반대로 멀쩡하게 보이던 대기업이 눈 깜짝할 사이에 몰락할 수도 있는 시대다.

소비시장도 출산율 저하, 고령화가 이미 현실화되었고 그 속도는 더욱 빨라지고 있다. 인터넷으로 인한 국제화, 특정, 불특정 다수와의 쌍방향 대화로 말미암아 정보의 가치 교환도 급격하게 이루어지고 있다.

계속 타성에 젖어 과거의 악습관을 버리지 못하면 끊임없이 격변하는 시대에 눈 깜짝할 사이에 뒤처지게 될 것이다. 격동하는 미래에 올바르게 대처하는 자신을 만들기 위한 방법을 진지하게 생각해 보는 계기를 만들어야 한다. 여러분은 앞으로 인생의 전환기를 맞이할 사람이기 때문이다. 맹렬한 기세로 달리듯 일을 하는 사람, 일에서 보람과 자부심을 느끼는 사람, 좀처럼 일에 집중하지 못하는 사람, 일 자체가 고통스러운 사람, 전직이나 독립을 생각하고 있는 사람, 현재 상태로 괜찮은지 의문을 가지고 있는 사람 등 다양한 사람들이 있을 것이다.

나는 이러한 모든 사람들에게 제안하고 싶다.

"현재 문제가 있다고 생각되는 사람이라면 앞으로 나아가는 것도 잠시 그만두자. 먼저 해야 할 일은 천천히 자신을 되돌아보는 것이다."

# 이대로 괜찮은가? 앞으로 어떻게 할 것인가?

살면서 멈추어 설 수 있는 기회는 의외로 적다. 빠르던 늦던 끊임 없이 앞을 보며 달리기 마련이다. 인생에는 어느 순간 멈춰 서서 현재 이하, 즉 과거를 정리해야 하는 순간이 반드시 필요하다. 사 람에 따라, 그리고 그 사람이 어떻게 살아왔는지에 따라 멈추어 서 서 생각하는 시간은 꽤 오래 걸릴지도 모르지만 충분히 그럴 만한 가치가 있다.

전환점을 맞이하기 위해서는 반드시 멈추어 서서 현재의 자신 에 대해 철저히 되돌아봐야 한다. 문제가 있다면 해결하려는 노력 을 해야 한다. 타성의 싹이 나있다면 뿌리 뽑자. 변화의 급물살을 타고 있는 시대인 만큼 변화에 적절히 대처하면서 인생의 전환기 로 삼자. 인생의 철학, 가치관을 변화시키는 내적 성장이 필요한 것이다. 자기중심, 회사중심이었던 사람이 어느날 안중에도 없었 던 환경 문제, 실업난 등에 의식을 가지게 될 수도 있다. 가치관의 전환이 가속화되고 있는 시대 속에 살고 있다. 이러한 시대에 20~30대인 사람은 다음과 같은 점에서 유리하다.

- 1970년대의 치열한 고도경제 성장을 경험하지 않았다.
- 디지털에 강하다.
- 자신의 생활양식이 미래로 이어진다.
- 시대의 흐름을 피부로 느끼기 쉽다.

● 새로운 가치관에 대한 거부 반응이 적다.

이에 비해 중년, 노인들 중에는 과거의 경험에 얽매이는 사람이 많아 새로운 정보사회에 적응하기 어렵다. 이 시대는 바로 젊은이들의 것이다. 과감하게 과거로부터 벗어나자. 지금은 비록 젊은 사람일지라도 타성에 젖어 있으면 여러분도 순식간에 중년의 문턱에 도달하고 만다.

인생을 진지하게 생각함에 있어서는 너무 이른 것도 너무 늦은 것도 없다. 과제는 언제나 '이대로 괜찮은가,' '앞으로 어떻게 할 것인가' 이 두 가지다.

# 편안함을 의심해보아라

보통 입사한 지 몇 년이 지나 친구들과 모인 자리에서 힘들다면서도 일과 관한 자랑을 늘어놓는 경우가 많다. 그 순간에는 마음 편히 '우리 회사는 나 없으면 굴러가지 못해' 라며 뿌듯한 기분을 느낄지도 모른다. 이런 기분은 이것대로 일종의 성취감이며 나름대로 큰 의미가 있다.

그러나 이 상태로는 회사가 '자기실현을 위한 유일한 장' 이 되고 만다. 상당히 위험한 발상이다. 욕심은 욕심을 낳고 결국 회사에서 목표를 달성하는 결정적 수단인 지위와 권력을 욕심내게 된다. 물론 그것은 어느 정도 일을 잘 하게 되면 누구나 갖게 되는 당연한 욕구지만 자칫 잘못하면 단순한 출세에 대한 집착으로 바뀌고 만다.

단순한 출세욕이 일을 하면서 자신의 특기를 연마하려는 의식과는 거리가 멀다는 사실은 더 말할 나위도 없다. 극단적으로 말하면 그것은 일종의 타성이다.

일을 통해 회사에 최대한 공헌을 하겠다는 마음은 가시적으로 보이는 권력이나 직책뿐만 아니라 오로지 당신의 특기를 일류 수준으로 끌어올리는 것에도 연결되어야 함을 잊지 말라.

회사는 현재 당신의 직책이 다른 사람으로 바뀌어도 큰 영향을 받지 않고 유지되는 거대한 조직이다. 결과만 존재할 뿐 그 결과를 도출하기 위해 누가 어떤 노력을 했는지와 같은 구체적이고 세세한 기록은 결과가 나타나는 순간 사라지고 만다. 아이디어를 창출한 조직원, 그것을 강력히 추진하고 실행한 조직원 등 많은 사람들이 성공적인 결과를 내기 위해 일을 하고 그 과정에는 당사자만이 아는 중요한 사항들도 있겠지만 이러한 것들은 알려지지 않는다. 특이한 경우 전설적인 에피소드가 조금 남지만 그것도 얼마 지나지 않아 잊혀지고 만다.

회사란 그런 곳이다. 조직생활을 하다 보면 누구나 한두 가지씩 남에게 당당하게 말할 수 있는 성과물이 있을 것이다. 그러나 매일매일 전쟁터인 직장생활 속에는 그것을 회고할 기회나 시간 따위는 없다. 오로지 당사자만의 추억일 뿐이다.

회사 차원에서는, 과거는 과거이며 실적에 대한 대가는 승진이나 급여를 지불하는 것으로 끝난다. 회사는 늘 미래를 향하고 있으며 이익 창출이 목적이고, 개인의 과거 실적 등에 신경 쓸 겨를이 없다.

나는 현직시절에 싱가포르에 지사를 설립하는 대규모 프로젝트를 성사시킨 적이 있다. 당시 현지에 파견된 사원의 인사와 마케팅 등을 비롯해 거의 모든 업무를 맡았다. 처음에는 계속되는 적자로 주위의 차가운 시선을 받았으나 곧 흑자로 전환하였고 현재는 우량기업으로 자리 잡았다.

이러한 업무상의 업적은 당시에는 동료들과의 술자리에서 자주 오르락내리락 하곤 했는데 시간이 지나자 점차 잊혀져 그 프로젝트를 누가 제안했고 어떠한 계기로 흑자가 되었는지 따위는 전혀 화제에 오르지 않게 되었다. 서운한 생각이 들 수도 있겠지만 회사란 그런 곳이다.

## 타성을 키우는 것

회사생활에 조금 익숙해지다 보면 타성에 젖기 쉽다. 크게 신경을 쓰지 않아도 업무는 자연스럽게 흘러가고 회사 내에 속사정을 털어놓을 만한 친구도 생겨 어느새 회사가 가장 편한 장소가 된다. 아침에 출근해 '오늘은 무엇을 할까' 라는 생각을 하기도 전에 전화가 울리고 업무가 시작된다.

일단 이런 흐름에 빠지면 아무것도 생각하지 않는 인간이 되어 버린다.

"업무상 당신의 꿈은 무엇입니까?"라고 질문하면 대부분의 사람들은 "글쎄요…" 하며 난감한 표정을 짓는다. 단기적인 과제는 누구나 말할 수 있지만 회사생활이라는 긴 범위에서 구체적인 목표를 지향하며 회사생활을 사람은 극히 드물기 때문이다.

하물며 현재의 업무와 전혀 상관없는 기술, 특기를 기르겠다는 생각은 해본 적도 없는 사람은 더욱 많을 것이다.

우선 꿈을 향해 끊임없이 노력하는 자세를 매일매일 직장생활 속에서 갖자. 꿈이란 마음의 소망이며 희망이다. '꿈'을 더 역동적으로 표현하면 '뜻'이 된다.

입사한 지 얼마 지나지 않았을 때는 '회사 업무를 완벽하게 파악하고 싶다'거나 '내가 맡은 첫 프로젝트를 완벽하게 진행하고 싶다'와 같이 막연하나마 반드시 꿈이 있었을 것이다. 그런데 5년 정도 지나면 일상에 파묻혀 일에 대한 의미도, 목표도 없어지는 경우가 많다. 다음 세 가지 사실을 다시 한 번 명심하자.

---

1. 인간이란 타성에 젖기 쉽다.
2. 특히 어느 조직에서 편안해지면 더욱 타성에 젖기 쉽다.
3. 현재와 같은 레벨을 유지하거나 약간의 실적을 올린다면 회사마저 당신이 타성에 젖었다는 사실을 잊어버린다.

---

이 사실을 잊지 말고 업무에 대한 꿈을 계속 그려나가야 한다. 단기적으로 이루어야 할 목표, 장기적으로 실행해야 할 목표를 정하고 끊임없이 자신을 단련시키며 방향을 정해 나아간다. 나아가

멈추어 서서 기술을 닦으면서 동시에 회사에 기여하기 위해서는 어떻게 해야 하는가를 생각해 보아야 한다. 그렇게 하면 회사생활에서 남은 것은 추억밖에 없다며 한탄하는 허무한 인생이 되지는 않을 것이다.

# 작은 실수에서 **큰 것을 배워라**

타성에 젖지 않기 위해서 가장 중요한 것은 '의지'이다. 길게는 40년 가까이 조직에 근무하기 때문에 조직과의 관계에서 기본계획이 없으면 아무래도 물 흐르듯 흐름에 휩쓸리기 쉽다.

정년퇴직한 사람에게 "그 동안 회사를 다니면서 무엇을 했습니까?"라고 물으면 "쭉 영업부에서 일했습니다"라거나 "근로, 인사, 구매 등 여러 분야에서 일을 했습니다"와 같은 대답이 돌아온다. 어떤 의지를 가지고 일을 하고 회사와 어떤 관계를 맺어왔는지를 명확하게 설명하는 사람은 드물다. 큰 성과를 거두고 조직에서 은퇴한 사람도 "가시적인 성과를 거두었고 회사 측에도 어느 정도 이바지한 조직원으로서 나의 회사생활은 뿌듯했습니다," "많은 인맥을 만들 수 있어 즐거웠고 능력을 발휘할 기회를 주신 회사 측에

감사하고 있습니다"라고 말하는 정도다.

일을 하다보면 가슴 깊이 보람과 성취감을 느낄 때가 있다. 그러나 일은 사냥과 비슷하다. 많은 사냥꾼들이 잇따라 나타나는 사냥감을 쫓는다. 그리고 그 사냥감이 크면 클수록 만족도 크다. 그러나 이와 관련된 이야기는 그때 함께 사냥에 나선 동료에게만 좋은 화제일 뿐, 관계없는 사람에게는 그저 자랑으로밖에 들리지 않을뿐더러 지루하기 그지없다.

내가 다니던 회사에는 'OB모임'이라는 것이 있는데 나는 이 모임에 거의 출석하지 않는다. 그곳에는 추억담밖에 없으며 상하관계의 그림자가 있고 미래에 대한 화제가 부족하기 때문이다. 유쾌한 추억은 자기 마음속에 간직하는 것으로 충분하다.

"나는 해외에서 큰 프로젝트를 수행했고 그와 관련 있는 다른 문화에 흥미를 가졌습니다. 문화인류학과 역사를 공부했으며 특히 라틴과 게르만의 차이에 대해 일을 통해 연구할 수 있었습니다. 또 그 연구결과를 잡지에 발표하거나 회사 내외에서 강연을 했습니다. 앞으로도 회사생활을 통해 배웠던 라틴과 게르만에 대한 차이를 라이프워크로서 계속 연구해 나갈 계획입니다."

여러분도 정년퇴직을 하면서 이런 코멘트를 남길 수 있기를 바란다. 조직생활에서 찾은 관심사를 전문적으로 키워 나이기 평생의 업으로 삼을 수 있기를 바란다.

# 틀려서 수정하는 것의 중요성

큰 뜻이 있으면 작은 실패 따위는 두렵지 않다. 비즈니스의 세계에서는 손익계산을 기준으로 실패냐 성공이냐의 판정이 이루어진다. 분명 수익은 기업의 목표 중 하나지만 이것만을 판단기준으로 삼는 것은 위험하다.

현재 부진한 기업을 보면 단기적인 이익만을 창출하는 경영방침을 채택한 탓에 부진을 초래한 경우가 많다. 자동차 회사인 닛산은 도요타에 대한 대책으로 '풀라인 작전'을 펼쳐 차종만 늘릴 뿐 닛산만의 특별한 차종을 개발하지 못했다. 자동차가 잘 팔릴 때는 특징 있는 차가 없어도 어떻게든 유지할 수 있었으나 불황에 빠지자 더이상 통하지 않았다. 결국 차이와 놀라움이 없는 천편일률적인 차가 되어 버렸다. 현재 프랑스의 르노사와 제휴해 이 회사 출신인 카를로스 곤 사장의 지휘 아래 회생을 꾀하고 있으나 앞으로도 순탄치만은 않을 것으로 예상된다.

소고 백화점도 미즈시마 전 회장의 '지역제일주의' 이론을 바탕으로 막대한 자금을 빌려 무리한 확장정책을 펼쳐온 결과 사망선고를 받고 말았다. 거액의 부채에 허덕이는 소매업체 다이에도 변화를 대응하지 못한 저가 방침으로 안이한 확대를 계속해 왔다.

이들로 대표되는 부진, 파산 기업은 모두 거품경제가 절정이었을 때는 괜찮았지만 소비불황 시대에 이르자 한꺼번에 문제가 터져 나왔다.

전환기가 와도 눈치채지 못하고 지금까지 해오던 대로 계속 달리다가 실패한 사례다. 작은 실패는 해도 괜찮다. 그로 말미암아 방향을 수정하고, 뜻을 재확인한 후 다시 시작하는 작업이라면 더 할 나위 없이 찬성이다.

프로젝트의 경우에도 방향성이 맞는지를 판단기준으로 삼자. 좋은 방향에서 성공하는 것이 최선이지만 쉽지 않다. 또 잘못된 방향에서도 성공할 수는 있지만 뒤에 따르는 타격이 크다.

좋은 방향에서 실패하는 것은 교훈을 얻을 수 있다는 의미에서 좋은 일이다. 좋은 방향을 향했다고 해서 다 잘 되리라는 보장은 없다. 작은 실패가 다음 도약으로 이어진다는 점을 명심하자.

# 항상 교훈을 찾자

1997년에 영화 〈타이타닉〉이 사상 최고의 흥행실적을 올리며 주목을 받았다. 이것은 단순한 상업영화지만 관점을 달리하면 이 영화의 주제를 '위기관리'로 볼 수도 있다.

타이타닉은 4만 6천 톤의 호화 여객선으로, 가라앉을 것이라고는 그 누구도 상상하지 못했다. 그런데 영국에서 뉴욕으로 향하는 처녀항해에서 빙산에 부딪쳐 승객 2,200명 가운데 1,500명 가까이 사망했다.

대참사의 원인은 바로 다음과 같다.

- 빙산경보가 내렸음에도 불구하고 전속력으로 항해했다.
- 위험지역에 진입했는데도 간부는 잠을 자고 하급선원에게 감시를 맡겼다.

● 미관을 훼손한다는 이유로 구명보트를 필요한 수량의 절
  반밖에 싣지 않았다.

지금 생각해보면 태만이라고밖에 할 수 없다. 이와 마찬가지로
혼란에 빠져 있을 때의 회사와 그 회사에 근무하는 개인도 타이타
닉과 같은 환경에 처해 있다고 할 수 있다. 그러므로 항상 다음과
같은 점검이 필요하다.

> 1. 지금 가고 있는 길이 올바른가?
> 2. 시대의 변화를 느끼고 그에 따라 움직이고 있는가?
> 3. 파산, 정리해고에 대한 대비가 되어 있는가?

타이타닉의 선내에서는 빙산과 부딪히는 와중에도 화려한 파티
가 계속되고 있었다. 부딪친 후 침몰까지 2시간 40분이나 걸렸기
때문이다. 회사 역시 마찬가지다. 회사를 둘러싼 환경도 매우 빠르
게 변화하므로 설마 하는 사이에 무너지고 만다. 어쩌면 눈에는 보
이지 않지만 회사의 기반은 점차 무너지고 있는지도 모를 일이다.
타이타닉을 비롯한 이미 파산한 기업의 이야기에서 얼마든지
문제점을 지적힐 수 있다. 그러나 자신의 회사에 대해시는 지적하
지 못하는 사람이 많다. 하물며 자기 자신의 진로에서 문제점을 파
악하여 지적하는 일은 얼마나 어렵겠는가? 믿을 것은 작은 실패에
서 얻는 교훈밖에 없다.

# 목적과 수단을 구별하라

나는 전형적인 고도성장 시대를 살아온
사람으로, 젊은 시절 선배에게서 이런 말을 들은 적이 있다. "남자
에게는 중요한 선택의 순간이 세 번이 있다." 바로 학교, 회사, 배
우자의 선택이다. 어떤 학교를 졸업했고, 무슨 회사에 다니며, 얼
마나 좋은 아내를 얻느냐에 따라 한 남자의 일생이 좌우된다는 의
미다.

인생에서 중요한 것은 BMW, 즉, 일(Business=비즈니스), 가계
(Money=돈), 가정(Wife=와이프)이다. 이것이 중요하다는 사실은
예나 지금이나 크게 달라진 것이 없다. 그러나 문제는 예전에는 좋
은 학교, 좋은 회사를 선택해야만 얻을 수 있던 BMW가 현대에는
통하지 않고 있다는 사실이다.

## ♠ 회사의 장래, 고용의 의미는?

우선 학교의 의미가 크게 변했다. 학교라는 브랜드는 이제 거의 아무런 의미를 갖지 않게 되었다. 대학시절의 공부는 4년. 사회에 나온 후 40년의 10분의 1에 지나지 않는다. 고작 4년의 과정을 마치고 전공을 구분하는 것도 우습다.

대학에서의 공부는 방향 설정을 위한 훈련이며 공부는 평생 계속된다고 생각하는 것이 맞다.

또 기업에 들어가서도 그 회사가 살아남는다는 보장은 전혀 없다. 인기 있는 산업, 큰 회사라 해도 호경기는 영원히 계속되지 않으며 앞을 예측할 수 없다. 회사는 늘 벼랑 끝에 서서 생존을 걸고 있다는 사실을 우선 인식해야 한다.


## ♠ 정리해고의 위험

회사가 망하지 않더라도 정리해고의 위험은 늘 도사리고 있다. 설사 고용이 보장된다 하더라도 자회사, 관련회사로의 파견 등 노동여건의 변화 가능성은 늘 존재한다. 회사에 매달려 있을 것인가, 아니면 과감히 포기할 것인가 하는 결단이 필요한 시기가 누구에게나 찾아온다. 여기에서도 역시 전직이나 독립할 수 있는 기술을 가지고 있는가 여부기 관건이 된다. 특기를 가진 사람은 쉽게 정리해고의 대상이 되지 않는다.

♠노후 걱정

　고용의 특징이었던 종신고용, 연공서열은 붕괴되었고 퇴직금
은 중간 정산 등의 방식으로 없어지거나 줄어들고 있다 . 마지
막 희망이었던 국민연금도 수령 연령이 높아지거나 수령액이
줄어들 가능성이 있다. 노후에 어떻게 살아갈 것인가는 젊은 샐
러리맨에게도 큰 과제이다.


# 취미로 도망가지 말라, 일에 휩쓸리지 말라


오래된 공통의 가치인 BMW를 생각할 때는 'HL이 BMW를 이끈
다' 는 사실을 염두에 두자. 회사생활의 기본은 B, 즉 비즈니스다.
일을 포기하고 도피하는 심정으로 취미에만 빠지는 사람들이 있는
데 아까운 일이다. 마이워크에서 라이프워크 즉, 일에서 평생 직업
을 찾아야 하는데 그렇지 못하기 때문에 귀중한 시간을 낭비하는
것이다.

　M, 즉 '돈' 은 회사생활을 하는 동안 안정된 수입의 기반을 만들
어 두자. 연금, 퇴직금제도도 앞으로는 유동적이 된다. 지금까지는
베짱이 같은 가치관을 가지고 있어도 퇴직 후 지급될 퇴직금이나
연금에 의존할 수 있었다. 현재 받고 있는 급여는 얼마 안 되어도
정년 후에는 연금과 퇴직금에 기댈 수 있었고 그것이 노후를 보장
해 주었다. 그러나 앞으로는 급여의 후불 지급 성격이 줄어 현재

여러분이 받고 있는 급여가 전부가 될 수도 있다. 개미와 같은 가치관으로 전환하지 않을 수 없다. 개인연금의 설계, 재테크 계획 등을 세워야 한다.

구체적으로는 회사와의 관계, 일에 대한 인식을 진지하게 검토할 필요가 있다. 다시 한 번 진지하게 다음과 같은 질문을 던져보자. '당신은 지금 근무하고 있는 회사 밖에서도 통용되는 기술이 있는가?,' '그 기술로 독립할 수 있는가?,' '지금 이대로 계속 같은 회사에 근무할 수 있는가?'

경제적인 문제는 결국 B와 어떻게 마주하느냐 하는 문제로 귀결된다. 돈을 모으는 방법을 연구하기 전에 B에 대해 자세히 살펴보자.

W, 즉 '가정'이다. 결국 BMW는 현직 샐러리맨 시절에 확고한 토대를 구축해야 하며 그것이 노후 생활을 결정한다.

그리고 전환기는 HL의 세계다. H는 취미, L은 라이프워크다. 이 두 가지가 BMW를 이끈다.

# 발상 소프트웨어를 사용하라

매너리즘, 즉 타성에서 벗어나려면 발상훈 련이 필요하다. 그런 측면에서 자기변화법에 대해 살펴보자.

우선 걸으면서 생각을 하면 평소와 다른 발상이 떠오른다. 신상 품 아이디어, 강연 내용, 경영상의 힌트 등 여러 가지 아이디어가 문득 떠오르기도 한다.

예를 들어 여러 사람 앞에서 제안하고 있는 모습을 상상해보자. 출퇴근 시간 10분이면 충분하다. 비용절감이 테마라면 '총 1억 엔 의 비용절감을 제안하겠습니다' 라고 결론을 먼저 밝힌다. 그러고 나서 '어떻게 할 것인가' 를 생각한다.

발상이 떠오르지 않으면 '해서는 안 되는 일을 그만두는 것만 으로 5천만 엔의 비용이 줄어든다' 와 같은 생각을 해 본다. 조금 높은 목표를 설정하는 것이 요령이다.

이런 방식을 '1인 강연'이라고 부르겠다. 내가 히트상품개발의 비결을 생각한 것도 1인 강연이었다. 머릿속으로 많은 관중에게 '반드시 상품을 히트시킬 수 있는 방법을 알려 드리겠습니다'라고 말한 다음 '어떻게 할까'를 생각한다.

'결론을 먼저 제시하면 발상이 떠오른다,' '우선 말하고 나서 생각한다,' '결론을 먼저 말한다'가 핵심이다. 여러분이 회사에서 어떤 프로젝트를 진행할 때도 '결과'라는 목표점을 정한 뒤 목표를 달성하기 위해 효율적인 중간 과정을 만들어 내는 것과 마찬가지이다.

이것은 일종의 '강제발상법'이라고도 할 수 있다. 많은 청중들 앞에서 당당하게 강연을 하고 있는 광경을 상상해보라. 자신이 프로젝트 리더가 된 것처럼 설명하고 강연해 보자. 이것은 아무에게도 피해를 주지 않으며 장소도, 시간도 필요 없다.

이렇게 하면 엉뚱한 아이디어보다는 테마에 대한 본질적인 해결책이 떠오르는 경우가 많다. 메모를 하지 않아도 잊어버리지 않는 확실한 해답이 나온다. 이렇게 해서 비용절감, 합리화, 신상품 개발 등 다양한 분야에서 답을 얻을 수 있었다.

# 6장

# 남에게 나에 대해 물어보자

## 나와 공생할 진정한 인맥을 찾는 방법

# 우정을 재촉하지 말라

비즈니스상의 인간관계는 기본적으로 메마른 관계라는 생각을 전제해 두는 것이 좋다. 나는 어느 공급업자와 꽤 가까운 관계가 된 적이 있었다. 그리고 그와의 우호적인 관계는 5년 정도 이어졌다. 나는 그의 중요한 거래처 담당자였고 나 역시 그의 제의에는 특별한 이의 없이 상당히 잘 들어주었다고 생각한다.

그런데 내가 본사 실무자가 아닌 공장 관리직으로 자리를 옮기자 그 공급업자는 연락조차 하지 않았다. 그는 공장에 자주 왔음에도 불구하고 나를 마주할 기회가 있어도 가벼운 목례 정도만 하고 그 자리를 피해버리기 일쑤였다. 그 모습을 본 나는 '그 동안 그렇게 많이 도와줬는데 너무 하는군' 이라고 생각했다. 몇 년 뒤 내가 본사로 돌아가자 그는 뻔뻔스럽게도 "다시 돌아오시기만을 기다리고 있었습니다"라고 말하는 것이 아닌가. 그때 나는 업무적으로 인연을 맺은 관계는 절대 절친한 사이가 될 수 없음을 깨달았다.

그러나 이는 너무 당연하다. 비즈니스의 목적은 'take'이며, 그 목적을 성취하기 위해 치르는 대가가 'give'이다. 이 관계는 비즈니스에서 인맥이 형성되는 법칙이다. 보통 'give and take'라고 말하지만 주는 것에 비해 받는 것이 적으면 이 관계는 오래 유지되지 않는다. 그래서 실제 비즈니스에서는 'give and take'보다 'take and give'가 일반적이다. 얼마나 받느냐에 따라 주는 정도가 결정된다는 것이다.

업무의 성격이 바뀌면 '자, 여기까지'라며 관계가 끊어지는 것은 당연하다. 업무상 알게 된 사람과 몇 번 술자리를 했다고 진정한 친구라고 착각하는 경우도 있으나 그렇게 오해를 하는 사람이 어리석은 것이다.

그러므로 마음이 통하는 진정한 친구를 얻으려면 일을 통해서만 인맥을 형성해서는 안 된다. 일을 통해서 만들기도 하고, 일을 떠나서 만들기도 해야 한다. 나는 인맥이라는 단어에 대비시켜 '심맥(心脈)'이라는 단어를 쓴다. 이것은 일을 떠나서도 관계를 유지할 수 있는 사람을 말한다. take가 없는 'give and give'의 세계를 공유할 수 있는 상대다.

'심우(心友. 마음이 통하는 절친한 친구—옮긴이)'와는 마치 텔레파시와 같은 커뮤니케이션이 가능하다. 오랜만에 만나도 대화가 통하고 서로 무엇을 하고 있는지도 알 수 있다. 어려운 일이 있으면 조건 없이 서로를 돕는다.

한 조직에 속해 있다 보면 학창시절에 사귄 친구는 손익 관계나 사업상 서로 돕는 등 업무적으로 엮이는 일이 거의 없기 때문에 자주 만날 기회는 없으나 언제까지라도 관계를 유지할 수 있다. 심맥은 이와 비슷한 관계다.

## 'give가 먼저'라는 생각이 심맥을 만드는 지름길

인맥을 만드는 데에는 스터디그룹에 참석하거나 모임에서 명함을 교환하는 등의 여러 가지 방법이 있다. 그러나 단지 명함만 주고받는다면 당신의 명함케이스는 눈 깜짝할 사이에 가득 차 누구에게 명함을 받는지조차도 기억할 수 없게 될 것이다. 물론 많은 사람을 아는 것도 중요하지만 세일즈 등 특수한 업무에 종사하는 사람이 아니라면 그렇게 많은 명함을 모을 필요는 없다.

명함이 아니라 심맥을 만들어야 한다. 그러기 위해서는 우선 사람을 끌어당기는 자신의 매력과 정체성을 갖추어 나가야 한다. 업무상 알게 된 사람인데 특별히 꾸준히 함께 일을 하지 않았음에도 관계가 지속되는 경우가 있다. 가끔 어려운 일이 생겼을 내 무리라고는 생각하면서도 조심스럽게 부탁하면 두말없이 요구를 들어주는 give and give 관계가 형성된 경우다. 이렇게 비즈니스를 떠난 관계가 강화되면서 심맥이 넓어진다. 일단 심맥을 만나게 되면 그 사람의 '심우 네트워크' 안으로 들어갈 수 있어 한층 더 깊은 관계가 성립된다.

심맥은 인맥과는 달리 비즈니스 관계가 끊겨도 지속되는 인간적인 관계다. 자기 일에 충실하면서 인간관계의 범위를 확대하려고 노력하면 때로는 멋진 사람들을 만날 수 있다.

내 경우, 40년 가까이 조직에 머물러 있는 사이에 심맥이 20명 가까이 생겼다. 적다고 생각할지 모르지만 업무상 생긴 관계를 비즈니스를 떠나서도 유지할 수 있는 것은 쉬운 일이 아니다. 10명 있으면 성공이다. 회사의 비즈니스를 떠나 얼마나 많은 사람들과 오래 사귈 수 있는가는 중요한 과제다. 비즈니스 친구는 기본적으로는 메마른 관계지만 반면에 심맥도 비즈니스를 통해 생기는 일이 많으므로 현직에 있을 때 이에 대해 생각해 두어야 한다.

# 회사에서 맺어진 관계에 집중하라

심맥의 대부분은 비즈니스를 통해 생긴다고
는 하지만 일반적으로 회사 사람과의 관계는 깊은 듯하면서 얕다.
상하관계, 기능과 역할로 연결되어 있어 어려운 일을 함께 처리해
온 것에 비해서는 아무래도 인생이나 개인에 대해 서로 이야기할
기회가 적었기 때문이다. 그저 관계가 오래 유지되고 얼굴을 마주
하는 횟수가 많았을 뿐이다. 이런 점을 보면 비즈니스를 통해 진정
한 친구를 만난다는 것은 좀처럼 힘든 일인 듯하다.

퇴직한 사람을 예로 들어보자. 그들은 퇴직할 때 '종종 오세요'
라는 인사를 받는다. 하지만 정말로 찾아가면 "하필이면 바쁠 때
오셨네요. 지금은 시간을 내기가 조금 힘들겠는데요"라는 말을 들
을 수도 있기 때문에 가지 않는 편이 낫다. 그렇다고 전화를 걸어
봤자 제대로 연결되기도 어렵고, 설사 연결이 되더라도 긴 이야기

는 하지 못한다. 결국 이렇게 해서 동료들과 소원해지는 것이다.

이에 비해 이메일은 폐를 끼치지 않는다. 그리고 물론 이것은 퇴직자에게만 한정된 것이 아니다. 일반적인 사업상의 인간관계를 심맥 차원으로 끌어올리는 데도 이메일은 위력을 발휘한다.

나 역시 회사 사람들과의 연락은 이메일로 하고 있다. 상대는 20명 정도인데 이메일이 없었다면 관계를 지속할 수 있는 사람은 아마도 기껏해야 5~6명이었을 것이다. 그런데 술자리 초대, 공적인 의논, 고민 상담 등 다양한 정보를 받는 경우도 많다. 나도 부담 없이 "그 상품 어때요?" 라든지 "이렇게 하면 어떨까?" 등 편하게 이야기 할 수 있다. 집요하지 않은 대화가 가능해 즐겁다.

또 나처럼 마케팅을 중심으로 강연을 하다 보면 이것저것 많은 자료가 필요하다. 그럴 때 메일로 업계 최신 자료를 보내달라고 의뢰하기도 하고 프리젠테이션 작성을 부탁하기도 한다.

이메일은 신기한 보물이다. 이메일을 사용하기 전에는 회사에서의 인맥은 일과 마찬가지로 추억에 지나지 않는다고 생각했으나 이메일 덕분에 상황이 달라졌다. 이메일을 주고받음으로써 업무적으로밖에 알 수 없었던 사람의 의외의 면을 발견하고 친근감을 갖게 되는 경우도 있다.

이메일은 업무로 얽힌 일반적인 관계를 친한 친구로 만들어 주는 비밀무기라고도 할 수 있다. 특히 젊은 사람들에게는 더 말할 나위도 없을 것이다. 이메일이라는 혁명적 도구를 예전과 똑같이 평범한 관계에만 사용한다면 아까운 일이 아닐까? 새로운 수단과 방법으로 새로운 커뮤니케이션 하라.


# IT혁명을 아날로그 커뮤니케이션에 활용하라

최근 엔지니어의 채용기준에 대한 IT 산업 인사담당자의 설문조사
결과가 닛케이신문(日經新聞)에 게재되었는데, 다음과 같다.


　　♠과거에 비해 중시하는 항목
　　　　— 커뮤니케이션 능력
　　　　— 특화된 전문지식
　　　　— 새로운 기술에 대한 적응력


　　♠과거에 비해 중시하지 않는 항목
　　　　— 출신학교를 포함한 최종학력
　　　　— 전공학과
　　　　— 전에 다니던 회사


　중시하지 않는 항목에 학력, 전공, 진 회사명이 포함되어 있나.
여기서 주목할 만한 것은 기업은 커뮤니케이션 능력이 특화된 전
문지식을 원한다는 사실이다.
　지금까지의 커뮤니케이션은 손, 입, 발, 귀를 사용해 이루어져

왔다. 손은 문장력, 입은 발표력, 발은 문제의 현장에 재빨리 접근하는 행동력, 귀는 상대방의 말을 잘 듣는 능력이다.

하지만 이제는 IT 능력을 추가해야 한다. 인터넷 덕분에 정보의 흐름이 쌍방향이 되어 이메일을 통하면 지위와 상관없이 생각을 표현할 수 있다. 예를 들어 기존의 회의에서는 시간적으로나 영향력 면에서나 최고 권력자의 발언이 큰 비중을 차지했다. 참석자의 지혜를 모으고 싶어도 실제로는 참가자 전원에게 의견을 말할 시간과 기회가 주어지지 않아 대부분은 그저 자리를 채우는 것으로 끝이었다. 또 발언을 하고 싶어도 윗사람의 눈치를 보고 나서 해야 하는 경우도 종종 있었다.

그러나 지금은 이메일로 인해 일대일 커뮤니케이션이 가능해졌다. 앞으로는 회의가 시작되기 전에 의견을 집약할 수 있으며 회의는 그러한 의견을 바탕으로 더 나은 방안을 모색하게 될 것이다.

구소련의 대통령 고르바초프는 퇴임하면서 "러시아를 앞으로 어떻게 해야 하는가, 미래를 위해 무엇을 해야 하는가, 의견을 말해 달라"고 의원들에게 말했다. 그러나 나서서 발언을 하는 사람이 없었다. 아마도 의원들은 이러한 의회운영에 익숙하지 않았고, 또 이제 와서 발언해봐야 의미가 없다고 생각했던 것 같다.

하지만 지금은 다르다. 국가의 근본정책은 물론 회사의 상사와도 자유롭게 커뮤니케이션을 할 수 있는 시대가 왔다. 친구끼리 주고받는 사소한 이메일뿐 아니라 관계자와의 네트워크가 형성될 수도 있다. 이것이야말로 IT 혁명이라 할 수 있을 것이다.

# 자신의 **매력을 믿어라**

심맥을 만들기 위해서 가장 먼저 갖추어야
할 것은 바로 사람을 끌어당기는 매력과 정체성이다. 그렇다면 구
체적으로 어떻게 자신을 바꾸고 사람들에게 알려야 할까? 먼저 내
가 가지고 있는 장점을 정확하게 인식하고 그것을 마케팅하는 것
이 필수적이다.

회사에는 다양한 능력이 있는 우수한 인재가 있는데, 먼저 그들
을 잘 관찰해 보면 다음과 같은 공통점을 발견할 수 있을 것이다.

> 1. 발표력이 뛰이니다.
> 2. 한 분야에서 뛰어난 능력을 가지고 있다.
> 3. 자연스러운 세일즈가 가능하다.

그들은 거침없이 자신의 의견을 표현하고 있는 것이다. 회사에서 눈에 띄기 위해서도, 전직이나 독립하기 위해서도 자신의 특성을 남에게 인식시키고 고객으로부터 그 기량에 대한 높은 평가를 받아야 한다. 개인은 어떤 의미에서는 상품과 같다. 그러므로 자신의 매력을 알리는 데 마케팅 기법을 그대로 활용할 수 있다.

## 자신을 한마디로 표현하면?

우선 특성을 나타내는 쉬운 말이 필요하다. 상품으로 말하면 네이밍(naming)에 해당한다. 명확한 목적을 나타내며, 간단하고 알기 쉬운 것이 좋다.

먼저 특기 분야가 자신의 브랜드처럼 네이밍되는 것이 좋다. '컴퓨터 박사 A씨,' '원가절감의 달인 B군', '재활용에 관한 한 C씨가 최고지,' '세금 문제는 역시 D과장' 처럼 말이다.

다음으로 상대방이 어려움에 처했을 때 바로 떠올리게 되는 그 분야의 달인이 될 수 있다면 더 이상 바랄 것이 없다. 단, 그 분야가 무엇이 되느냐는 여러분의 노력 여하에 달려 있다.

발전하는 테마를 자신의 특기 분야로 선택하게 되면 회사의 일안에서 전환을 할 수 있다. 여기까지 오면 성공이다. 그러고 나서 실적을 내면 신뢰가 더욱 두터워지고 안심할 수 있는 브랜드가 된다.

세 번째는 '당신에게 도움이 되고 싶습니다'와 같은 산뜻한 자기 PR이다. 이 단계에 이르면 자신에 대한 마케팅을 잘하는 것에서 그치는 것이 아니라 다른 사람의 특기도 눈에 보이게 된다.

재고처리를 하면서 깨달은 것은 내 주위에 생각보다 많은 스페셜리스트가 있다는 사실이었다. 단지 이것저것 깊이 생각하지 않고 처리를 하기 때문에 스페셜리스트로서의 인식이 없을 뿐이었다. 또, 기회가 없어 소중한 전문성이 빛을 보지 못하고 있는 것이었다.

자신의 프로젝트가 생기면 스페셜리스트를 찾아내 그 특기를 활용하기 바란다. 사람들이 좋아하고 주위로부터 신뢰받으며 회사에도 기여하고 자신의 심맥도 넓히는 기회가 된다. 그야말로 1석4조가 아닌가!

# 개인 미디어를 만들자

상품으로 포장한 자신을 이메일을 이용해 알린다. 이것은 심맥, 인맥을 만드는 데 있어서 매우 효과적인 방법인데 나는 이보다 한 단계 더 높은 방법을 사용한다.

혼자 할 수 있고 지금 당장 할 수 있으면서도 효과적인 그 방법은 바로 1인 신문, 1인 리포트 등의 개인 미디어이다. 일종의 작은 매스컴 매체라고 할 수 있겠다.

구체적인 방법은 다음 장 이후에 자세히 설명하겠지만 우선 샘플을 보기 바란다. 내가 발간한 신문은 이름을 카카오의 학명인 '테오브로마'라고 붙였다. 창간호는 다음과 같다.

2000년 3월 1일 발행

도쿄시 신주쿠구 1491-31번지

발행인 가토 유키오

# 목차

나는 창간호를 만들면서 생각했다.

'나를 프로모션 하는 것이니만큼 최선을 다하자. 발간한 이유와, 목적 그리고 나의 넘치는 의욕을 모두 잡지에 쏟아 붓자. 그렇게 되면 내 마음이 고스란히 독자에게 전해져 그들을 감동시킬 것이다.'

## 자신을 미디어로 만드는 방법

오랫동안 꿈꾸어 온 개인 미디어를 발간하기로 결심한 순간 가슴속의 답답한 것이 걷히는 느낌이 들었다. 미래를 내다보는, 내 색채가 강한 잡지로 만들고 싶었고 독자들의 따뜻한 지도와 충고를 기대하는 마음이었다. 발간에 이르기까지의 과정과 앞으로의 포부는 다음과 같다.

### ♠동기

내 인생에서 가장 깊은 관계를 맺고 있는 것은 뭐니뭐니 해도 초콜릿이다. 고대 메소아메리카 문명이 남긴 훌륭한 유산인 카카오를 재료로 한 초콜릿에 대해 가능한 한 많은 사람에게 알려야겠다는 생각을 늘 가지고 있었다.

최근에는 초콜릿의 효능에 관해 강의를 한 적이 있는데, 초콜릿이 비만을 유발하는 등 잘못된 생각을 가지고 있는 사람이 많다는 사실을 알게 되었다. 초콜릿이 긴장을 풀어 주는 데 도움이 되는 등 더 많은 사람들에게 초콜릿의 효능에 대해 알리고 싶었다. 그것이 본지 발간의 가장 큰 동기다.

그래서 잡지명도 망설임 없이 〈테오브로마(THEOBROMA)〉로 정했다. 'THEOBROMA' 란 초콜릿의 원재료인 카카오의 학명으로, 'THEO' 는 신, 'BROMA' 는 음식이다. 즉, '신의 음식' 이라는 그리스어에서 유래한다.

♠정열

그 동안 제과회사를 다니며 모아둔 정보를 바탕으로 〈테오브로마〉를 발간했다. 현재는 봄, 여름, 가을, 겨울에 한번씩 발행하고 있다.

# 다른 사람에게 **개인 미디어를 보내라**

1인 신문, 1인 리포트 등 자신만의 미디어를 만드는 목적은 사람마다 다르다.

먼저 자신의 색채가 명확해질 것임에 틀림없다. 동시에 특기, 전직이나 독립할 수 있는 기술을 되짚어보고 연마하는 장이기도 하다. 나아가 조금 거리를 두고 일을 바라볼 수 있다.

그러나 무엇보다 큰 목적은 심맥 형성에 있다. 1인 신문은 자기가 보내고 싶은 사람에게 보낸다. 이 사람이라면 잘 읽어줄 것 같다거나 꼭 읽어주었으면 좋겠다고 생각되는 사람, 혹은 초면이지만 앞으로 가까워지고 싶은 사람 등에게 보낸다.

받은 사람의 10% 이상은 어떤 식이든 코멘트를 해줄 것이다. 성의 있는 사람은 편지나 엽서에 코멘트를 적어 보내준다. 응답이 없었던 사람도 몇 번 보내면 직접 만났을 때 코멘트를 해준다.

그러한 교류가 몇 번 이어지는 동안 내용이나 주장에 찬성을 하거나 심맥이 되는 분위기가 형성된다. 일상적인 대화에 없는 감추어진 부분을 보여줌으로써 내면적인 소통이 이루어지기 때문이다. 새로운 심맥을 얻을 뿐 아니라 오랜 친구와의 정기적 교류가 가능한 것도 개인 미디어 발간의 큰 장점이다.

특별한 화제나 용건이 없으면서 전화를 걸기는 어쩐지 꺼려지고 이메일 주소를 모를 경우에 1년에 몇 번 직접 인쇄된 1인 신문을 보내는 것도 좋은 방법이다.

그중에는 아무런 관심을 보이지 않는 사람도 있지만 조급해해서는 안 된다. 이쪽에서 제멋대로 보내고 있는 것이니 말이다. 받은 사람의 10% 정도만 반응을 보여준다고 해도 여러분은 큰 성공을 거둔 것이다.

개인 미디어 발간은 큰 전환기가 될 수 있다. 나의 경우, 심맥이 생기고 비즈니스의 방향을 설정할 수 있었으며 날카롭던 눈초리도 부드러워진 것 같은 느낌이 들었다. 나아가 내가 앞으로 무엇을 어떻게 해야 하는지가 명확해져 마음이 개운해졌다.


## 문자가 가져오는 장점

개인 미디어를 발간하려면 용기가 필요하다. 어쩌면 다소 야단스럽다고 생각하는 사람도 있을 것이다.

가장 쉬운 방법은 큰 테마를 골라 리포트나 논문을 쓰는 것이다. 처음에는 일과성 테마여도 좋다. 조금 익숙해지면 업무에 관계된 관심사 등 확장 가능한 주제를 선택해 자기만의 독자적인 생각을 써 나간다. 일년에 몇 번이면 충분하다. 발행 횟수를 늘려나가면 개인 미디어와 같은 효과를 낼 수 있다. 자신의 생각을 활자화하는 것이 중요하다.

〈테오브로마〉를 발간하면서 가장 기뻤던 것 현직시절의 동료였던 K씨가 보내준 다음과 같은 코멘트였다.


## 1. 발간사

이러한 1인 미디어를 발간할 생각을 하셨다니 정말 대단하십니다. 직장생활을 하면서도 항상 무엇인가 부족하다고, 매일 충전되지 않은 채 소모되고 있다고 느끼던 저에게 큰 자극이 되었습니다. 그리고 저를 독자 리스트에 추가해 주신 것 감사합니다. 정성스레 준비하신 소중한 자료를 잘 읽겠으며 앞으로도 순조롭게 실현되기를 바라겠습니다.


## 2. 초콜릿의 세계

몇 번을 읽어도 변함없는 애정이 전해져 옵니다. 언제 이렇게 풍부한 자료를 수집하셨는지 다시 한 번 감탄했습니다.

## 3. 일상에 대한 잡다한 감상

제가 과연 도쿄에 살고 있는 메리트를 최대한 누리고 있는지 반성하게 되었습니다. 도쿄와 그 밖의 지역에 사는 격차는 지적파워에 있음을 간파하고 계신 점, 말을 실제 행동으로 옮기고 계신 점에 탄복했습니다.


K씨와는 지금도 가깝게 지내고 있다. 그전까지만 해도 비즈니스 친구 수준의 관계였는데 개인 미디어를 매개로 진정한 친구가 가 될 수 있었다.

심맥도, 인맥도 그저 기다리기만 해서는 만들어지지 않는다. 행동을 해야 한다. 행동할 수 있는 내가 되는 것이다.

우선 이메일 등으로 시작하면 된다. 그러다보면 나를 남들과 다르게 차별화해야겠다는 생각이 들 것이다. 그때가 기회다. 놓치지 말고 이 개인 미디어를 시도해 보자.

의외의 곳에 필요한 인맥이 숨어 있다는 점을 잊지 말기 바란다.

# 잘 듣는 사람이 되어라

사람들이 편하게 이야기할 수 있는 사람은 대화를 잘하는 사람이다. 대화를 잘하는 사람은 자신의 생각을 말로 표현하는 데 능숙한 사람이 아니다. 정말로 말을 잘하는 사람이란 상대방의 이야기를 듣고 맞장구를 치고 질문할 수 있는 즉, 화제가 풍부한 사람이다.

이러한 점에서도 개인 미디어가 엄청난 전환이 될 수 있다. 일단 발간을 결정하면 꾸준히 다음 호에 게재해야 할 정보를 수집해야 한다. 업무적으로든 개인적으로든 장르를 불문하고 원고에 대해 생각해야 한다.

직장생활에서 일반적으로 일은 자동적, 타성적으로 주어지며 어지간한 일이 아닌 이상 그것이 사생활 속으로 파고들어와 24시간 생각해야만 하는 경우는 없다.

그러나 개인 미디어는 생각하는 습관을 사생활로 끌어들인다. 가령 뉴스를 접했을 때, 다른 사람의 이야기를 듣고 있을 때, 거리를 걷고 있을 때, 혼자 조용히 생각하고 있을 때, 여러 가지 생각이 떠오르게 된다. 자연히 다른 사람의 이야기를 잘 듣게 되며 수집한 정보에 대한 의견을 구하는 일도 많아진다. 즉 대화가 끊이지 않게 되는 것이다. 조금 과장해서 저널리스트가 된듯한 기분이 들 정도이다.

다음 호의 주제가 될 것 같은 발상은 군이 계획을 세우지 않아도 저절로 머릿속에 펼쳐진다. 생각하다 자꾸 발상이 떠오르고 일정한 수준에 도달하게 되면 친구와 대화를 나누다가도 아이디어가 떠오르고, 이것을 어떻게 원고로 연결시켜야 하는지 골격이 떠오르고 구상 범위가 확대된다.

그리고 문득 지금 화제가 되고 있는 것이 다음 호에 쓰고자 하는 내용이었다거나 최근에 쓴 내용임을 깨닫기도 한다. 자기도 모르는 사이에 화제가 풍부해지고 사람을 끌어당기는 힘이 생긴다.

원고나 강연을 부탁받아도 기한이 임박하지 않으면 좀처럼 작업에 착수하게 되지 않는데 일이나 자기계발의 경우도 마찬가지다. 그러나 다급해지면 신기하게도 머리회전이 잘된다.

개인 미디어는 기본적으로 그때그때 느낀 것을 담는데, 4~5년 동안 꾸준히 발간하다 보면 그것이 자기성장의 구체적인 기록이라는 사실을 알 수 있을 것이다.

## 나보다는 토픽에 대해 다루자

일기는 쓰기도 쉽지 않으며, 단편적이기도 하다. 또 나중에 읽어보는 경우도 별로 없다.

그러나 개인 미디어는 그때그때 떠오른 생각을 정리하는 것이므로 자연스럽게 '개인의 역사서'가 된다. 또 전환기가 어떻게 찾아오는지도 알 수 있다.

자서전을 출간하고자 하는 사람이 많다. 어떤 사람들은 내게 자신들의 자서전을 보내주기도 하고 또는 출판사에서 자서전을 출판하라고 권유하기도 한다.

그러나 사실 자서전만큼 지루한 것도 없다. 다른 사람의 일생을 시간의 흐름대로 읽어야 한다니, 게다가 대부분은 교훈을 얻을 수도 없고 지루하고 분량은 많다. 여러분이 중견기업의 CEO 이상의 위치에 있는 사람이라면 모를까, 특출난 이력도 없는 상태에서 자서전을 출간한다면 주위 사람에게 자랑하고 싶은 자기만족 그 이상 이하도 되지 못할 것이다.

이에 반해 개인 미디어는 화제가 되는 토픽을 다루기 때문에 간결하고 흥미롭다. 기자가 아닌 이상 언제나 훌륭한 글을 쓸 수 있다는 보장은 없지만 때로는 독자를 매료시킬 수 있다.

바쁜 현대인이 좋아하는 사람은 상대방의 시간을 빼앗지 않으면서 정확한 정보를 제공하는 사람이다. 마찬가지다. 개인 미디어는 자서전과 달리 미디어 형식을 취하고 있으므로 설령 재미는 없다 하더라도 화두가 되는 정보를 제공하고 있으므로 인간관계에 도움이 될 수는 있어도 해가 되지는 않는 것이다.

기록으로서의 개인 미디어는 또 다른 가치가 있다. 다양한 분야의 기사로 구성되어 있기 때문에 10년 정도 계속하면 집필이나 강연에 참고가 된다. 나도 80호 가까이 쌓인 개인 미디어을 인용하는 일이 많아졌다.

나는 지금까지 네 권의 책을 출판했는데 책의 내용을 개인 미디어에서 발견한 적이 많았다. 현직시절에 세 권을 출판했을 때는 "회사 생활을 하면서 책을 쓸 시간이 있으세요?"라는 질문을 많이 받았는데 기본적인 컨셉트는 평소에 기록해 두던 개인 미디어의 기사였다. 책을 쓰는 데 가장 중요한 것은 시대가 필요로 하는 주제를 찾는 것으로, 일단 주제가 결정되면 그에 따른 정보를 수집하거나 구상을 확대하는 것은 어렵지 않다.

고정적인 기사로는 비즈니스, 취미, 기행문, 사회 문제에 대한 감상, 감명 깊게 읽은 책에 대한 독후감 등 다양한 장르가 있다. 한 번에 장문의 책을 쓰는 것은 쉽지 않지만 단편적으로 써나가면 그다지 어렵지 않다.

# 사람들을 편하게 대하라

개인 미디어는 무엇보다 꾸준히 발간해야 한다. 중도포기는 차라리 안 하느니만 못하다. 단, 전력투구는 피해야 한다.

나도 처음 3호까지는 무리해서 온힘을 다했다. 그랬더니 그 후 '이러한 기세로 계속 쓰다보면 금방 소재가 닳아버리지 않을까?' 하는 절망감이 엄습해왔다. 처음에 반응이 좋았기 때문에 나도 모르게 의욕에 넘쳤던 것이다.

그래서 이렇게 생각했다.

'이것은 상업적인 미디어가 아니다. 호평을 받고 다른 사람에게 즐거움을 주기 위한 미디어가 아니라 개인적인 지적생산의 수단이다. 열심히 썼으니까 친구들에게 보여주는 것이고 재미가 없으면 쓰레기통으로 직행해도 어쩔 수 없다.'

그렇게 생각하자 마음이 편해졌다. 결국 자동으로 쓸 수 있는 한 가지 패턴을 만드는 것이 좋다는 결론이 나왔다.

타성에 젖으라는 말이 아니다. 어렵게 생각하지 말고 내가 좋아서 하고 있는 일들을 중심으로 지면을 채워 나가면 된다는 의미다.

내 경우 중심이 되는 라이프워크인 초콜릿에 대한 연구와 조사 외에도 현직생활을 하면서 느낀 점을 쓰는 '일상에 대한 감상'이라는 칼럼을 만들었다.

이 정도를 기본적인 꼭지로 설정해두면 자동적으로 내용을 채워나갈 수 있다. 일종의 양식을 만든 셈이다. 연속성이 생겨 읽기 쉽고, 쓰기 쉽다는 이점이 있다.

특별한 변화가 있었을 때는 특집호를 발간하는 것도 좋은 생각이다. 해외출장, 또는 재미있는 세미나나 강연을 들었을 때, 어딘가 초대받아 강연을 했을 때는 다른 기사는 쓰지 않고 그것을 특집으로 다루어도 좋다.


## 나를 읽게 하려면 어떻게 해야 할까

나를 읽게 하려면 어떠한 점에 유의해야 할까?


1. 반드시 지적생산의 결과를 포함시킬 것
   단순한 신변잡기만을 모아둔 개인적 메모는 읽는 사람을

지루하게 만든다. 인맥의 도구로서도 그다지 도움이 되지 않는다.

## 2. 분량

원고 분량은 A4로 최소한 두 장은 되어야 한다. 이보다 양이 적으면 읽는 사람은 가벼운 종이 조각으로 여길 것이다. 또한 글 자체가 초라한 느낌이 들고 레이아웃도 빈약해지기 쉽다. 내 경우에는 A4로 6장에서 10장 정도 범위 내에서 펜 가는 대로 늘리거나 줄였다. 무리하지 않고 정해진 양식에 따라 써 내려가면 된다.

## 3. 발간 횟수

발간 횟수에 욕심 부리지 말자. 처음에는 쓸 내용이 무궁무진해서 편하게 쓸 수 있을 것처럼 생각되지만 소재는 금방 닳아버린다. 많아야 월간지면 충분하다. 나는 격월간 발행으로 정했었는데 정년퇴직을 기점으로 계간인 연 4회 발간으로 줄였다.

필요할 때마다 발행하는 것도 하나의 방법이지만 일년에 몇 번이라고 규칙을 정해 놓는 것이 좋다. 어떤 일이든 정해 놓지 않으면 안 하게 되기 때문이다. 다른 제한은 없으나 발간 횟수만큼은 정해 두도록 하자.

### 4. 발행부수

혼자서 편집, 복사, 제본, 받는 사람 이름 쓰기, 그리고 발송까지 하기는 상당히 힘들다. 요즘은 이메일이나, 개인 블로그라는 비용이 들지 않는 사이버상의 시스템도 있지만 여러분도 느껴보았듯이, 직접 인쇄된 활자로 접하는 것과 컴퓨터 화면으로 보는 것에는 상당한 차이가 있다.


## 가족은 허물없는 조언자

꾸준히 발행하다 보면 욕심이 생겨 독자의 반응이 궁금해질 때가 있다. 이때 절대 설문지 등을 끼워서 보내서는 안 된다.

내 마음대로 보내는 것을 고맙게도 상대방이 읽어 주고 있는 것이다. 이 사실을 잊어서는 안 된다. 설문조사를 해봤자 신랄한 평가가 돌아올리는 만무하고 '도움이 된다,' '재미있다,' '계속해서 읽고 싶다' 는 성의없는 대답이 돌아올 뿐이다.

굳이 설문조사를 하지 않아도 계속하다 보면 저절로 반응이 나타난다. 나와 같은 생각을 가진 사람이 있는가 하면 쓸데없는 것을 보낸다고 귀찮아하는 사람도 있다. 이런 과정을 동해 신흙 속에 묻혀 있는 진주가 눈에 띄듯, 심맥이 나타날 것이다.

이러한 측면에서 발행부수를 무제한 늘려서는 안 된다. 정기적으로 독자를 선별해도 정말 읽고 싶은 사람은 보내달라고 재촉을 해올 것이다.

인맥형성의 도구로 개인 미디어에 대해 이것저것 써왔는데 남에게 배포하는 것이 부담스럽다면 우선은 가족에게 읽게 하는 것도 좋다. 그것도 할 수 없으면 자신감이 생길 때까지 스스로 애독자가 되어 자신과 대화하는 것도 한 가지 방법이다.

무엇이든 좋다. 쓰는 일은 그것 자체로 지적생산성을 높여 자신의 수준을 한 단계 향상되게 만들어 준다. 이와 함께 기술에 자신감이 생기고 심맥까지 얻을 수 있으니 장점이 많다.

바쁜 비즈니스 생활 속에서 글 쓸 시간 따위는 도저히 없다고 생각하는 사람도 많을 것이다. 회사에서는 기껏해야 보고서, 프리젠테이션, 제안서 정도를 작성하며 본격적으로 자신의 의견이 담긴 리포트를 작성할 기회는 별로 없다. 어떠한 테마에 대해 자신의 독자적인 이론, 생각이 있어도 글로 쓰지 않고 말로만 끝나고 만다.

리포트를 쓰고 관심이 있을 것 같은 주변 사람들에게 나누어 주면 생각지도 못했던 사람으로부터 지지를 받는 경우가 있다. 나도 몇 번인가 그러한 경험을 했다.

인맥, 심맥 만들기도 말로 하는 대화뿐 아니라 글을 매개로 하면 상당히 안정되고 탄탄해진다. 이메일을 자주 보내고 팩스나 편지를 작성할 기회가 많은 사람이라면 시간을 조금만 더 쏟아 개인 미디어를 만들어 보는 것은 어떨까?

# 7장 최선을 다해 자신을 PR하라

## 자신을 바꾸는 화술, 글쓰기

# 발표의 장을 만들어라

'모난 돌이 정 맞는다' 는 속담이 있
다. 그러나 이제 '모나지 않은 돌은 정조차 맞지 않는다' 로 생각을
바꾸는 건 어떨까?

전직이나 독립을 할 수 있을 만한 기술이 확립되면 발표의 장을
확보할 수 있을 것이다. 적어도 무엇을 할지를 결정하면 저절로 흐
름이 나타난다.

그러기 위해서는 꾸준히, 또 부지런히 일하는 것도 중요하지만
어느 정도 목표치를 설정해야 한다. 그렇게 하면 좌절하지 않아도
된다. '매는 발톱을 숨긴다' 는 속담이 있지만 샐러리맨은 발톱을
숨기기만 해서는 기회가 왔을 때 날아오를 수 없다.

전환기는 기회와 함께 시작된다. 자신이 어떤 특기를 기르고 있
는지 정도는 주위에 분명하게 선언해 두는 것이 좋다. 자신의 강점

을 제대로 알려야 하는 것이다.

'인재' 로서의 자신의 가치를 PR하기 위해서는 상품을 PR할 때와 마찬가지로 마케팅, 디자인, 네이밍, 판매촉진이 큰 비중을 차지한다. 어떤 경우에는 이 네 가지가 당신 그 자체보다 더 중요하기도 하다.

디자인과 네이밍은 상품의 목적과 가치를 한눈에 드러낼 수 있어야 한다. 시시콜콜하고 자세한 설명은 필요 없다. 나는 마케팅에서 다음 세 가지, '크게! 분명하게! 확실하게!' 를 주장해 왔다.

이 단계까지는 이미 실행한 사람도 있을 것이다. 그런데 좀처럼 실행에 옮기기가 어려운 것이 판매촉진이다. 상품이나 다른 사람의 판촉은 할 수 있지만 자신의 판촉에는 한 발 물러서게 된다. 그러나 발톱을 숨기고 있으면 아무도 자신을 평가해주지 않는다. 기회는 보통 다른 사람이 가져다준다. 그러므로 좋은 기회를 잡고 싶다면 끊임없이 자신을 PR해야 한다.

누구나 쉽게, 지금 당장 할 수 있으며 투입한 시간과 돈에 대한 효과가 두드러지게 높은 자기 PR법, 그것이 지금까지 언급해 온 개인 미디어이다. 그 효과는 강연이나 연설에서도 나타난다.


## 개인 미디어를 활용하는 사람은 의외로 많다

개인 미디어를 발간하는 사람의 목적은 저마다 다르지만 주제, 꿈,

뜻을 가지고 있다는 것이 공통점이다. 생각을 자기 안에 간직하고 있지 못하고 외부로 발산하고자 하는 뜨거운 열정을 가진 사람들이다.

보통 비즈니스맨들은 업무 외적인 면에서 자신을 보여줄 만한 자리를 찾기 힘들다. 비즈니스는 시간 싸움이라 한 건을 처리하고 나면 깊이 연구할 새 없이 다시 다음 프로젝트로 넘어간다. 정보화 시대, IT 혁명 같은 말은 대부분 비즈니스 자체에 해당하며 비즈니스맨 개인은 그 흐름에 수동적인 상태에 놓여 있다.

이에 반해 개인 미디어는 자기 전용의 표현의 장이다. 최근에는 인터넷상에 개인 홈페이지나 블로그라는 형식을 빌린 변형된 형태의 개인 미디어를 발간하는 사람들이 늘어나고 있다. 큰 힘을 들이지 않고도 지적생산성을 크게 향상시킬 수 있다는 것을 점점 많은 사람이 깨닫고 있다는 의미이다.

그럼에도 신문이라는 거창한 제목을 가진 매체를 정기적으로 발행한다는 사실이 부담스러운 사람도 있을 것이다. 그럴 경우, 평소 그때그때의 생각을 글로 적어 보자. 특히 라이프워크의 테마에 대해서는 지금까지의 연구 결과를 적어도 1년에 한 번은 글로 정리해 두는 것이 좋다. 라이프워크는 발표하지 않으면 좀처럼 앞으로 나아갈 수 없기 때문이다. 정리한 것을 복사해서 관심 있는 사람에게 나눠주고 의견을 들어보자. 업무에 관한 보고서보다는 일관된 테마에 대해 글을 쓰는 것이 문장력 향상에 더 효과적이다.

# 자신을 글로 집약하라

안정된 회사에 근무하고 있는 사람들에게 회사는 아주 편리하고 힘있는 존재다. 그러나 언제까지나 의지할 수 있는 대상은 아니다. 종신고용, 연공서열이 사라진 시대이다. 결국 샐러리맨은 스스로 자신의 앞날을 개척해 나가는 수밖에 없다. 그러므로 서른 살이 넘으면 개인적인 차원에서 저작활동을 하는 훈련을 해야 한다.

어떤 기술을 습득해 그 기술이 업계나 다른 업종에서도 통용될 만한 수준에 달한 사람이 저작활동에 숙달되어 있기만 하다면 다음과 같은 길이 펼쳐져 있다.

지금은 꿈처럼 보이겠지만 불가능한 일도 아니다. 하지만 그렇다고 누구나 저작활동을 할 수 있는 것은 아니다. 글을 쓴다는 것은 한순간에 배울 수 있는 능력은 아니다.

그 첫걸음이 바로 개인 미디어이다. 내가 글을 쓰는 데 크게 부담을 갖지 않게 된 이유도 바로 이 덕분이었다.

또 몇 년 동안 꾸준히 미디어를 발행하다 보면 화제가 풍부해진다. 쓸데없는 이야기를 나누다가도 적절한 시기에 적절한 화젯거리를 제공할 수 있다. 이렇게 되면 강연 단계로 들어갈 수 있다.

우선 자신의 일에 관심이 있는 사람을 모으는 일은 어려우므로 1인 강연을 한다. 통근시간 등 짧은 시간을 이용해 머릿속으로 강연의 뼈대를 만들어 본다. 10분 정도의 강연을 이끌어 갈 수 있다면 상당한 수준에 도달했다고 볼 수 있다.

강연, 발표 등의 마지막 단계가 바로 가상 회사다. 가상의 회사를 만들어 경영자 입장에서 한 해의 결과, 운영 방침 등을 발표한다. 이 과정에서 기술이나 심맥의 수준이 확실하게 향상된다.

간단한 일이지만 좀처럼 시작하기 어렵다. 하물며 지속하는 일은 더 어렵다. 앞서 나온 'Now or Never,' 즉 지금 하지 않으면 영원히 할 수 없다는 말을 떠올리고 용기를 내기 바란다.


## 개인 미디어의 다양한 장점

개인 미디어 발행에 동기를 부여하기 위해 그 장점을 정리해 보았다.

## ♠지적생산성을 향상시킨다

신문, 잡지 등에 연재하는 작가가 어떠한 감각을 가지고 일하는지 알게 된다. 발표의 장이 보장되어 있고 반드시 글을 써야만 한다는 의무감이 자극이 되어 다가온다. 마감기한이 있다는 긴박감이 지적생산성을 향상시키는 커다란 요인이다.

## ♠문장력, 테마 발상력이 생긴다

정기발행에 의한 반복으로 문장력, 테마 발상능력이 생긴다. 일정한 간격을 가지고 꾸준히 계속하면 틀림없이 눈에 띄는 발전을 거둘 수 있을 것이다.

## ♠자아를 확립할 수 있다

젊었을 때는 자신의 정체성이 무엇이며 장기적으로 무엇을 하고 싶은지 등에 대해 생각하지 않는 사람이 많다. 대부분의 사람들은 나이가 들어도 '도대체 나란 누구인가?'라는 중요한 문제에 대해 생각하지 않는다. 글로 자신을 표현하는 것은 정체성을 확립할 수 있는 절호의 기회다.

## ♠이론 범위가 확대된다

개인 미디어는 계속성이 보장되어 있어 이론을 축적해 나갈 수 있다. 비즈니스에서는 무엇보다 결과가 요구되며 과정이나 배경 등에 대해서는 아무도 들어주지 않는다. 이 때문에 발표의 기회가 줄어들고 리포트로 정리해야겠다는 생각도 들지 않는다.

예전에 어떤 신상품 개발에 성공했을 때 등장인물의 실명을 포함해 그 진행 경과를 정리해 둔 적이 있다. 정리된 자료는 관계자들에게만 배포했는데 우연의 거듭, 성공을 뒷받침한 가설과 이론 등 평소에는 발표되지 않는 장대한 드라마에 모두들 놀랐다. 프로젝트를 리포트로 정리하는 것은 힘든 일이지만 가끔해 보면 보편화할 수 있는 이론과 가설이 많다. 개인 미디어는 이러한 이론과 가설을 발표할 수 있는 장이다.

## ♠ 자기 PR이 된다

글을 쓰다 보면 저절로 자신의 생각과 방향이 정해진다. 이것이 바로 정체성이다. 정체성이 확립되면 '무엇을 하고 있는가'가 명확해진다. 이른바 '명찰' 이 붙여지는 셈이다. 이것이 자연스러운 자기 PR이 된다.

## ♠ 쉽다

1인 신문은 어느 정도의 수고와 에너지를 필요로 하지만 1인 리포트 정도는 누구나 만들 수 있나. 사신이 좋아하는 분야를 골라 이론화, 가설화하면 된다. 그리고 자신의 발전에 맞춰 정기적으로 개정한다.  글로 정리해 두는 것이 중요하다.

# 데드라인을 맞추기 위해 노력하라

개인 미디어는 일반 신문과는 달리 독자에 연연하지 않아도 된다. 발행부수도 마음대로 조정할 수 있다. 개인 미디어가 일반 신문과의 차이점을 정리해 보면 다음과 같다.

|  | 개인 미디어 | 일반 신문 |
|---|---|---|
| 독자 | 특정인 | 불특정다수 |
| 발행부수 | 자유 | 일정 수준 아래로 떨어지면 폐간 |
| 편집방향 | 자유 | 신문의 성격에 따름 |
| 발행빈도 | 자유 | 독자의 반응에 따름 |
| 가격 | 무료 | 정기적 |
| 구입장소 | 우편발송, 이메일 | 배달 또는 가판대 |
| 구입의지 | 의지와 상관 없음 | 주문 |
| 편집인 | 발간자 1명 | 기자와 편집자외 다수 |

편집자가 자기 마음대로 쓰고 마음대로 배포하는 것이 개인 미디어이다. 최근에는 이메일로 배포하는 사람들도 늘어나고 있다. D씨는 〈Pepper 21〉을 매달 이메일로 배포하고 있다. 자원봉사활동, 지식관리, IT 혁명 등 그때그때의 화제를 소개하고 자신의 의견을 덧붙인다. 일상적인 화제가 잘 정리되어 있어 흥미롭게 읽고 있다. 또, 회사 네트워크를 통해 비즈니스에 관한 리포트를 발표하는 방법도 있다.

처음에는 반응을 살피기 위해 가까운 사람들에게 배포하자. 관심이 있는 사람은 반드시 답장을 보내올 테니 누가 자신과 공통된 관심사를 가지고 알 수 있다. 관심이 없는 사람은 휴지통에 던져버릴테니 폐를 끼치는 것은 아니다. IT를 이용한 새로운 방식을 비즈니스에 도입해 보자.

# 최선의 자신을 만들자

개인 미디어를 만드는 것이 글쓰기 면에서만 도움이 되는 것은 아니다. 개인차는 있겠지만 일정시간 계속하다 보면 상당 수준의 지적생산자가 되어 화제가 풍부해진다. 개인 미디어는 머리와 손을 사용하는 본격적인 작업이므로 평범한 세상 이야기로도 상대방의 관심을 끌 수 있게 된다.

하지만 서두르면 실패한다. 한 시간 동안 사람들 앞에서 이야기를 하기 위해서는 상당한 준비와 훈련이 필요하기 때문이다. 비즈니스에서는 발표력이 매우 중요하다. 아무리 훌륭한 제안이라도 요점을 제대로 설명하지 못하면 실격당하고 제안은 채택되지 않는다. 요점을 정확히 짚으면서 간결하게 설명해야 한다.

우선 1인 강연으로 그 기술을 기르자. 입과 머리를 사용하는 1인 강연은 개인 미디어 다음으로 중요한 훈련으로 큰 의미가 있다.

- 언어를 구사하는 훈련이 된다.
- 발상의 훈련이 된다.
- 표현력, 발표력, 설득력이 생긴다.

일반적으로 말하기는 '화술'이라고 불린다. 중국 역사에 나오는 달변가 장의는 한때 보석 절도 혐의를 받고 중벌을 받은 뒤 집으로 돌아왔다. 숨이 곧 끊어질 듯한 모습이었는데도 '혀가 남아있으니 괜찮다'며 큰소리쳤다고 한다.

때로는 내용 없이 화술만으로도 상대방의 마음을 끌 수 있을 정도로 혀의 위력은 대단하다. 비즈니스에서는 글 쓰는 일보다 말하는 일이 많다. 말에는 순발력이 필요하며 말을 잘하느냐 못하느냐에 따라 제안 사항이 승인되기도 하고 기각되기도 한다. 또 그 자리의 분위기를 좌우한다. 따라서 상당히 주도면밀한 준비가 필요하다. 그러므로 1인 강연으로 충분한 연습을 해 두자.

# 상식에 어긋나는 발상을 해라

연설이나 강연에서 청중의 마음을 사로잡
으려면 일반적인 상식에 어긋나는 이야기를 던지면 된다.

예를 들어 '신문이나 책을 읽지 마라. 선입관을 갖게 되어 올바
른 제안을 내놓지 못하게 된다' 라던가 '경제에 관해 공부하지 마
라. 유명한 경제학자가 하는 말치고 하나도 제대로 맞는 말이 없
다' 와 같은 식의 말들이다. 국내 경제가 침몰할 지경이라고 여기
저기 떠들어댈 때 국내 경제는 괜찮다고 말하는 식이다.

상식과 반대되는 말을 해서 주의를 끈 다음 자기 페이스로 끌어
들이는 것은 수준 높은 화술이다. 남들과 똑같은 이야기를 하면 듣
는 사람은 지루하기만 하다.

나는 신입사원 연수에서도 "여러분, 입사를 축하드립니다" 라고
말하기보다 "하필이면 왜 이 회사를 선택했습니까? 이 회사는 언

제 망할지 모르는 회사요" 라며 이야기를 시작한다. 그러면 모두가 놀라서 주목하게 된다. 그러고 나서 차근차근 기업간 경쟁의 치열함에 대해 말하고 어떤 기업이든 계속해서 성장할 수는 없으며 무너지지 않는다는 보장이 없다는 사실을 설명한다. 공장이 몇 군데 있다든가, 조직이 어떻게 되어 있는지 등 입사하면 금방 알게 되는 사실은 들먹이지 않는다.

연설의 기회가 오면, 주어진 명제의 상식과 반대되는 것은 무엇인지 1인 강연을 하며 생각해 보자.

히트상품 세미나에서는 다음과 같이 말한다.

"여러분은 어떻게 하면 히트상품을 만들 수 있을 것인가 하는 비결을 알기 위해 이곳에 오셨겠지만 신상품이 팔리지 않는 것은 당연합니다. 상품의 가치나 장점에 관해 아무에게도 알려지지 않았는데 팔리는 것이 오히려 이상하죠."

"히트상품을 만든 사람에게 그 비결을 물어봐도 아무 소용없습니다. 히트한 이유는 히트한 후에 생각해서 붙인 것이고 히트하리라고는 그 사람도 예측하지 못했기 때문입니다. 더 놀라운 사실은 히트상품을 개발한 사람 중에 두 번째 히트상품을 만들어낸 사람은 거의 없다는 것입니다."

이러한 테크닉은 사물을 전반적으로 파악할 때 필요한 발상법으로 모든 경우에 사용할 수 있다.

여기에 추가해서 또 한 가지 연습해두면 좋은 것이 있다. 바로 발, 입, 손의 움직임이다.

행동이나 실행은 간단한 동작으로 분해할 수 있다. 우선 누군가가 있는 곳으로 가서(발), 설명(입)해야 한다. 물론 글(손)로 쓰는 경우도 있겠지만 상대방을 설득하려면 입이 100% 제 구실을 해주어야 한다. 사전 교섭, 지시, 연락, 협력 의뢰 등 입이 주역이 되는 때가 많다. 그러므로 아무리 좋은 기획이라 하더라도 설득력이 따라주지 않으면 상대방의 찬성을 얻을 수 없다.

특히 바쁜 비즈니스맨, 지위가 높은 사람의 무기는 발과 입이다. 동분서주하며 이곳저곳을 찾아가 이야기를 하고 함께 행동할 것을 호소하며 지지자를 확보한다. 능력 있는 세일즈맨도 마찬가지다. 상품에 대한 설명과 함께 자신을 요령 있게 PR한다.

이러한 사람들의 공통점은 다음과 같다.

1. 움직임이 시원시원하다.
2. 강요하는 태도가 없다(설득력이 있다, 이야기가 능숙하다).
3. 행동이 뒤따른다(말이 앞서지 않는다).

손, 발은 행동의 보조수단이라 할 수 있다. 비즈니스에서 보고서나, 이메일을 읽고 감동하는 일은 별로 없다. 또 그것을 읽고 의욕이 생기는 경우도 많지 않다. 그러나 이야기를 듣고 감동을 받아 그 사람을 전적으로 신임하게 되는 경우는 비일비재하다. '말주변이 좋다' 는 말이 있듯이 비즈니스에서 말보다 더 중요한 것은 없는 듯하다.

# 짧게 이야기하는 습관을 길러라

그렇다면 업무상 말을 하는 방법에 대해 살펴보겠다. 연설에는 다음과 같은 패턴이 있다.

- 인사말 — 개회사, 회의, 결혼식, 송별회 등 행사에서의 인사
- 다짐 — 임원 취임 인사, 신년 인사 등
- 설명, 연락 — 상황 설명, 연락, 상품 설명
- 강연, 강의 — 설명, 평론, 해설
- 논쟁에서의 주장 — 자기 의견을 주장하고 상대를 공격한다.
- 제안 — 프로젝드 제안
- 복합적인 것 — 듣는 사람에게 구체적인 행동을 호소한다.

# 인사말이 화술 이미지의 출발점

먼저 인사말은 어렵다. 직장생활을 하면서 어느 정도 지위에 오르기 전에는 이런 인사말을 할 기회가 거의 없지만 조직생활을 하는 동안 인사말을 하는 요령을 습득해두는 것이 좋다.

회사에서는 개회, 폐회, 연말연시, 회의 등 인사말을 들을 기회가 아주 많다. 일 이외에도 송별회, 환영회, 송년회, 신년회 등 셀 수 없을 정도로 많다.

단순한 인사말일 경우에는 듣기 좋은 이야기를 하려고 하지 말고 무조건 짧게 하는 것이 좋다. 일반적으로 인사말은 한 가지 패턴으로 길게 나가는 경우가 많다. 그러나 그럴듯한 문구들만 모두 집어넣어 무슨 말을 하려는 것인지 알 수가 없다.

인사말을 들어 보면 누구나 다음과 같이 국제 → 국내 → 회사 → 개인의 순서로 이야기를 진행한다.

"세계 경제는 침체되어 전망이 보이지 않습니다. 어디까지 갈지조차 모르는 금융 불안은 우리 회사의 경영을 압박하고 있습니다. 또 가격파괴, 유통혁명이 진행되는 가운데 소비자의 요구를 파악하지 못해 매출은 늘지 않고 있습니다. 이제는 구조조정, 리엔지니어링을 더욱 강력하게 추진해야 살아남을 수 있습니다. 전 사원이 하나가 되어 이 위기를 극복해야 합니다.

올해의 목표는 첫째, 전 분야에서의 비용 절감, 둘째, 상품개발 강화, 셋째, 영업력 강화, 넷째, 변화에 대한 대응, 다섯째, 도전입니다."

나름대로 조리 있지만 구체적이지 않다. 한 시간만 지나면 "오늘 여러 가지 이야기가 나온 것 같긴 한데 도대체 무슨 얘기였지?" 하고 내용을 기억하지 못하는 경우가 많다. 구체적이지 않은 총론은 의미가 없다. 그것은 시간 낭비일 뿐이다.

언젠가 한 사업장의 책임자로서 연두 인사를 한 적이 있다. 내 다음 순서가 사장의 영상 인사였기 때문에 가능한 한 짧게 끝내야겠다고 생각했다. 그 다음에 내가 계속 고민한 것이 바로 '형식적인 말을 짧게 할까,' '허를 찌르는 말로 짧게 마무리 지을까' 였다.

듣기 좋은 말이나 격조 높은 말을 하려고 하면 쓸데없이 길어진다. 그래서 나는 다음과 같이 인사했다.

"새해 복 많이 받으십시오. 올해는 힘들다는 말은 하지 맙시다. 그런 말을 해서 상황이 좋아진다면 얼마든지 하겠지만 그렇지 않습니다. 앞으로는 나라 경제나 회사에 대해 걱정하지 맙시다. 그보다는 자신에 대해 걱정하십시오. 자기가 하고 싶은 일을 제대로 하면 나라 경제와 회사도 좋아질 것입니다. 자신을 위해 노력하십시오."

2분도 채 되지 않게 끝마쳤다. 짧은 인사였지만 과감해서 좋았다는 평가를 받았다.

# 그럴듯하게 말하려고 하지 말라

인사말과 같이 행동을 촉구하는 것이 아닌 연설은 그 자리에서 끝나는 말이므로 너무 많은 생각을 할 필요가 없다. 특히 결혼식 축사는 길어지면 흥이 깨진다. 건배 제의를 장황하게 하는 것은 최악이다. 잔을 들고 몇 분이나 서 있어야 하는 경우도 종종 있다. 자신의 역할 분담을 잘 생각해 주었으면 한다.

결혼식 축사는 한 가지 패턴을 정해 정해진 인사말을 하면 된다. 내 경우에는 '밝고, 힘차게, 솔직하게'를 중심으로 신랑신부와 관련된 에피소드를 섞어 3분 이내로 끝낸다.

주례사의 경우에는 종이에 써서 읽으라고 권하고 싶다. 그럴듯한 말을 하려고 하지 말고 큰 무리 없이 자신의 임무만 다하면 된다.

일반적으로 개회사는 그 모임의 목적을 밝히고 1분 이내로 하는 것이 좋다.

외국계 회사의 파티에 가보면 주빈은 내빈을 맞기만 할 뿐 아무런 인사말도 하지 않는 경우가 많다. 참가자들 간의 교류, 주최자와 참가자의 교류가 파티의 목적이므로 이는 매우 합리적이라는 생각이 든다.

돈을 들여 파티를 하는 것이니 회사 광고를 하지 않으면 손해라는 생각은 버리기 바란다. 기업을 지나치게 앞에 내세우면 오히려 기업 이미지에 역효과가 날 수 있다.

한 단골 고객이 주최하는 연회장에서 재미있는 광경을 보았다. 개회 5분 전에 행사장에 도착했는데 놀랍게도 참가자들이 벌써 자기들 마음대로 술을 마시고 있었다. 순간 내가 시간을 잘못 알고 있었나 했지만 알고 보니 그 모임은 항상 그런 식으로 진행된다고 한다. 건배는 모두 모인 다음에 하지만 그전까지 마음껏 마셔도 된다는 것이다.

보통 연회 시작시간은 다소 늦어지기 마련이어서 그때까지 할 일이 없어 안절부절 못 하는 경우가 많다. 하지만 이런 방식을 택하면 초조함 없이 처음부터 연회가 부드럽게 진행된다.

그 후 내가 담당하는 연회는 모두 이런 형식으로 진행됐다. 그러면 개최자도 술을 적당히 마셔 분위기가 부드러워진다. 건배는 참가자가 새로 올 때마다 한다.

나의 송별회에서는 한 사람만 송별사를 했고 내 인사말도 "오랫동안 신세를 많이 졌습니다. 지금까지 도와주셔서 감사합니다.

여러분의 건승과 발전을 기원하며 건배하겠습니다"라고 간단히 끝내 참가자들을 놀라게 했다. 이런 형식은 특히 젊은 사람들에게 인기가 있다.

# 결론부터 말하라

앞에서 나온 연설 패턴 중에서 비즈니스에 가장 중요한 것은 7로, '복합적인 것' 이다. 행동으로 이어지지 않는 연설은 일과성의 인사말에 지나지 않는다.

요령은 앞에서도 언급했듯이 '짧게, 쉽게, 구체적으로' 행동을 호소하는 것이며 무엇보다 알기 쉽게 말하는 것이 중요하다.

---

1. 이야기를 짧게 압축한다.
2. 주변에서 볼 수 있는 구체적인 화제로 이야기한다(실례를 든다).
3. 마지막에 변화된 행동을 촉구한다.

---

주제가 비용절감이라면 그것 하나로 압축한다. 영업력 강화라면 모든 부서에 해당되도록 '전원 세일즈'를 호소해도 좋다. 그렇

게 하면 잊어버리지 않는다. 그리고 마지막으로 구체적인 행동을 촉구한다.

'수준 높게 말해야지,' 또는 '감동시켜야지' 라는 생각을 전제로 하고 있으면 오히려 더 부자연스러워진다. 성공사례 등 실례를 소개하면 이해가 잘 되고 흥미를 끌 수 있다.

"지난주 지방에 가서 소매점을 둘러보고 왔습니다. 통에 든 초콜릿을 계산대 옆에 놓아두었더니 매출이 늘었다는 얘기를 들었습니다. 옆에 상품을 놓는 것은 땅값이 비싼 땅에 고층건물을 세우는 것과 같아서 매장을 효율화할 수 있고 손님 눈에도 잘 띕니다. 여러분이 담당하고 있는 매장에서 한 번 해보십시오. 분명히 실적이 좋아질 것입니다. 다음 미팅에서 결과를 보고해 주시기 바랍니다."

실례를 바탕으로 가설을 세우고 그 검증(행동)을 부탁했다. 아주 간단한 일이다. 결과는 대성공이었고, 그것은 매출 증가에 크게 기여했다.

'짧게, 쉽게, 구체적으로' 의 실례였다. 짧고, 쉽고, 구체적인 것의 반대는 길고 어렵고 추상적인, 그 자리를 떠나면 잊혀지는 이야기다.

사장이나 임원들은 행동을 촉구할 기회가 많다. 이런 바쁜 사람들의 연설은 비서가 원고를 작성하는 경우가 많은데 무슨 이야기를 하든지 별 상관없는 모임의 인사말은 그렇게 해도 상관없다. 단지 짧게만 하면 된다.

짧게 하는 것만으로 경쾌한 느낌이 든다니 신기하다. 직원들에게 행동을 촉구할 때 이 방법이 효과적이다.

하지만 만날 기회가 적은 사람들을 대상으로 하는 연설은 제대로 준비해야 한다. 듣는 사람이 주의를 집중하고 기다리고 있기 때문이다. 내용 없는 이야기를 해서는 안 된다. 나중에 떠올릴 수 있는 구체적인 이야기가 좋다. 원고가 있는 경우에는 가장 중요한 대목에서 얼굴을 들어 듣는 사람에게 시선을 보내면 박력 있는 연설이 된다.

## 이야기의 목적을 명확히 밝혀라

무슨 이야기든 그렇지만 특히 설명, 연락과 제안 등은 결론이 분명해야 한다.

장황하게 말하는 사람일수록 결론은 별 게 없다. "무엇이 어찌어찌해서 어떻게…"로 날이 새고 만다. 그런 말을 듣고 있으면 듣는 사람의 입장에서는 "그래서 어떻게 됐는데?" 하고 끼어들고 싶어진다.

평소 훈련해 두지 않으면 결론을 분명하게 전달할 수 없다. 연설뿐 아니라 구두 보고를 할 때도 평소에 훈련해야 한다. 나쁜 사례를 하나 들겠다.

"어제 지점에 가서 미팅을 하고 왔습니다. 참석자가 많았고 토론에도 열심히 참여하더군요. 매출은 그다지 좋지 않지만 사기가 높아 믿음직스러웠습니다. 지점장도 애쓰고 있으니 잘 될 것 같습니다. 그런데 지점 건물이 낡아서 한 번 손을 봐야 할 것 같습니다. 그리고 사원들의 의욕을 고양시키기 위해 사원 연수를 다시 실시해야 할 것 같습니다."

이렇게 보고하면 듣고 있는 상사는 조금씩 짜증이 나고 "그런데 내가 부탁한 건은 어떻게 됐나?" 하고 말을 끊을 것이다.

결론이 분명하게 나와 있는 보고에서 기승전결을 밟아가며 이야기하면 너무 장황해진다.

"지점 미팅 결과, 우리측 제안이 받아들여졌습니다. 시간은 걸렸지만 좋은 아이디어가 나와 신상품 판매가 잘 될 것 같습니다."

이처럼 결론을 먼저 명확하게 밝히고 상대방에게 시간과 관심이 있다는 사실을 확인한 다음 승(承), 전(轉)을 말하면 된다.

보고의 최대 목적이 무엇인지 생각하며 가장 먼저 발표하면 이미 80점은 따놓은 셈이다.

# 경험을 잊지 말라

한 가지 주제에 대해 말할 때 시간은 3분이면 충분하다. 그런데 "주어진 시간이 10분입니다"라고 했을 때, "아니, 그렇게 필요 없습니다. 5분이면 충분합니다"라고 말하는 사람일수록 주어진 시간의 두 배인 20분이나 써버리는 이유는 무엇일까?

연설의 목적을 정확히 파악하고 그것을 중심으로 이야기의 뼈대를 만들어야 한다. 연설은 시간이 짧으면 짧을수록 어려워진다. 반대로 말을 길게 늘이는 것은 의외로 쉽다.

내가 늘 하는 강연인 '인기상품개발'은 보통 1시간 반 동안 하는데 가끔 "1시간 내로 부탁드립니다"라든지, "40분으로 해주십시오"와 같은 주문이 들어오면 갑자기 페이스가 무너져 정리가 잘 안된다. 결국 이것저것 다 이야기하게 되어 1시간 반짜리 내용을 길이만 줄인 셈이 되어 버린다. 시간이 짧아지면 요점을 간추려야 하는데 그것이 쉽지 않다.

먼저 3분이라는 시간이 어느 정도의 길이인지 느낄 수 있도록 해 보자. 원고를 작성해 시간을 재면서 읽어본다. 글자로 쓰면 1,000자 정도다. 이 정도면 꽤 많은 이야기를 할 수 있다. 동시에 1,000자도 소리 내어 읽으면 아주 짧다는 사실도 알 수 있을 것이다.

나는 세미나 강사를 맡으면 수강자들에게 1분 스피치를 시켜 이름, 회사명, 지금 가장 힘든 일에 대해 발표하도록 한다. 1분이라고 하면 짧게 느껴지지만 막상 해 보면 길다. 대부분의 참가자들은 시간을 주체하지 못한다.

긴 시간이 배정되어 있을 때는 기승전결에 따라 이야기를 전개해도 되지만 결론이 분명할 때는 결(結), 승(承), 전(轉), 시간이 더 짧을 때는 결(結)만 말한다는 생각으로 임해야 한다.

참고로 나는 마케팅 이야기를 할 때 다음과 같이 이야기를 시작한다.

"소비자의 입장이 되어 보라는 말을 자주 하지만 이건 이미 낡은 사고방식입니다. 입장이란 '만약 그렇다면…' 하는 식으로 사실 아무런 의미가 없습니다. 소비자 그 자체가 되어야 합니다."

이렇게 말하면 청중들은 '무슨 이야기를 하려는 걸까?' 하며 기대를 한다. 그러면 그 때 나의 체험담을 말한다.

"몇 년 전 책을 출판했을 때의 일입니다. 모처럼 출판하는 것이니 제대로 만들고 싶었습니다. 그래서 나 자신이 책을 살 때 무엇을 보고 결정하는지 생각해 보았습니다. 입장이 아니라 그 자체가 되어 본 것입니다. 우선 책장에 나란히 꽂혀 있는 책에 주목합니다. 제목밖에 보이지 않아 특별한 인상도 주지 않고 눈에 띄지도 않습니다. 또 신문이나 매장 베스트셀러 정보, 독자 서평에도 주목해 봅니다. 그래서 밑져야 본전이지 하고 서점 몇 군데에 진열을 부탁했고, 다니던 회사 옆에 있는 서점에서 해주었습니다. 또 회사 사람들, 단골 고객들에게 책에 관해 소개 하자 1주일 후 베스트셀러에 들었고 최고 2위까지 올랐습니다. 잡지, 신문에도 꽤 실렸습니다. 입장이 아니라 그 자체가 돼야 합니다. 그렇지 않으면 실상을 알 수 없습니다. 입장이란 가상이며 일시적인 편법입니다. 파는 측과 사는 측의 괴리가 상당히 크기 때문에 팔리지 않는 것이 현실입니다. 이것이 오늘 제 연설의 결론입니다."

이 이야기는 짧고 쉬우며 구체적이다. 또 이렇게 실제 사례를 들면 이해하기 쉬워진다.

# 이야기에 **적절한 헤드라인을 붙여라**

말이 너무 장황하면 강한 인상을 줄 수 없다. 여러분은 알고 있는 모든 것을 말해주고 싶겠지만 하지만 긴 연설은 나중에 기억에 남지 않는다. 실제 머릿속에 머무는 것은 요점 중에서 한 가지 내지 두 가지 정도다.

보통 연설을 듣고 난 후, 세 가지로 요약하라고 한다. 그러나 요즘은 너무 바빠져서 기껏해야 한두 가지로 요약하는 것이 한계다. 박력있게 이야기를 하려면 요점을 한 가지로 정리하는 것이 좋다.

뉴스는 한 가지 내용을 평균 1분 30초 길이로 보도한다. 글자로는 500자 정도다. 이것을 참고삼아 요점을 압축하면 얼마든지 간결해질 수 있다.

시간이 충분할 때는 우선 결론을 1분 30초 동안 이야기하고 나서 실제 주변에서 일어나는 일, 구체적인 예로 들어가면 된다.

예를 들어 회사 전체에 공통적인 비용절감에 대해 이야기할 경우 다음과 같이 말한다.

"평소에도 비용절감에 힘쓰고 있는데 오늘은 새로운 측면에서 비용절감 운동을 제안하고자 합니다. 이익을 창출하기 위해 금년에는 목표를 1억 엔으로 설정하고 반드시 달성해야 합니다. 비효율성을 제거하는 데 초점을 맞출 것입니다. 안 해도 되는 일을 하고 있다면 즉각 그만두어야 합니다. 공정, 회의, 청소, 문구, 상품, 선전, 투자, 업무 방식 변경 등 모든 것을 대상에 포함시킵니다. 모두 자기 부서로 돌아가 점검을 개시하고 다음달 말까지 계획을 세우도록 하십시오. 부서 내에서 실행 가능한 것은 즉시 실행하고 여러 조직이 관련되어 있는 것은 부장회의에서 검토하겠습니다. 과거의 관습에 구애받지 말고 목표를 반드시 달성한다는 마음가짐으로 실행하기 바랍니다. 실행방법은 여러분에게 맡기겠습니다. 두 달 후 중간보고를 해주십시오."

이 정도의 이야기는 2분이면 할 수 있다. 그리고 시간이 남으면 회사 안팎의 성공사례, 비효율적이라고 생각되는 사례를 구체적으로 들어 설명하면 이미지가 더 명확해진다.

같은 내용을 "우리 회사는 어려운 상황에 있습니다. 지출이 늘어나 어지간한 비용절감으로는 따라길 수 없습니다. 지금도 아끼고 있는데 여기서 더 절약하라는 말처럼 들리겠지만 지금보다 더욱 노력해 주시기 바랍니다"와 같이 추상적으로 말하면 박진감이 없다.

# 보이고 싶은 것을 가장 먼저 꺼낸다

글, 보고서, 이야기, 어느 경우든 결론을 먼저 밝히는 것이 좋다고 앞에서 말했는데 글 중에서 아주 뛰어난 예가 전광 뉴스 자막이다. 결론이 먼저 나오고 상황 설명이 뒤따른다. 신문기사도 마찬가지다. 제목만 보아도 결론을 알 수 있다. 독자는 제목으로 내용을 판단하고 흥미 있는 것만 상세한 내용을 읽으면 된다.

보고서도 마찬가지다. 'ㅇㅇ에 관하여'라든가 '△△보고' 등 내용을 알 수 없는 두리뭉실한 제목은 피한다. 적어도 부제에 결론을 나타내는 것이 좋다.

## 비용절감 프로젝트 중간보고

"4월에 발족한 비용절감운동은 지금까지 순조롭게 전개되고 있다. 그러나 당사를 둘러싼 환경이 좋지 않아 신상품도 크게 히트하지 못하고 매출은 전년 대비 80%로 떨어졌다. 판매 경비가 늘어나 이익확보가 어려운 상황이다. 이대로 가다가는 배당을 할 수 없어 주주는 피해를 입게 된다. 급속한 매출 증가는 기대할 수 없으므로 한층 더 비용절감에 협조해 주기 바란다."

이것은 추상적인 상황 설명에 불과하다. 같은 말을 다르게 써보자.

## 5천만 엔 비용절감을

"비용절감 프로젝트가 발족한 지 반년이 되었는데 결산을 해보니 이익이 5천만 엔 부족하다. 재검토한 결과 5천만 엔의 이익 증가가 가능하다는 결론이 나왔다. 대략 생산, 물류 부문에서 2천만 엔, 영업에서 2천만 엔, 기타 부문에서 1천만 엔을 달성하기 위한 구체적인 방안을 제의해 주기 바란다."

어느 쪽이 긍정적이면서도 강한 인상을 주는지는 여러분도 쉽게 알 수 있을 것이다.

비즈니스 문서에 강한 인상을 주고자 할 때 신문기사 제목이 많은 도움이 된다. TV의 일기예보는 나쁜 예에 해당한다. 가장 큰 관심사는 내일 비가 오는가 안 오는가인데 저기압이니 고기압이니 하는 설명이 먼저 나온다. 기압배치와 같은 자세한 설명이 많은 시간을 차지해 정작 알고 싶은 정보를 듣는 데 몇 분이나 걸린다.

비즈니스에서는 이러한 스타일이 되지 않도록 하는 것이 좋다. 가장 먼저 무슨 말을 하고 싶은지, 결론은 무엇인지 명확하게 밝히자.

# 8장  내면의 성장에 한계는 없다

## 더 넓은 당신의 인생지도를 위하여

# 가상 회사를 경영해보자

지금까지 개인 미디어로 저작 업무를 체험하고 강연으로 강사가 되기 위한 연습을 해보았다. 이 정도가 되면 가상 회사를 설립해 사장과 컨설턴트의 역할을 하고 싶어질 것이다. 이 시기를 자기변화의 도달점으로 삼을 수 있다.

방법은 간단하다. 회사라고 하면 유한회사, 주식회사 등 실존하는 회사가 머리에 떠오르는데 가상 회사는 계획 회사, 가상 회사와 같은 개념이다. 비용, 사무실, 수속 등도 필요 없이 지금 바로 설립할 수 있다. 고객을 찾아 나설 필요도 없다. 처음부터 그럴듯한 회사를 차리고 싶은 사람도 있겠지만 그것은 나중에 천천히 검토하면 된다.

우선 어떤 업종의 회사를 설립할 것인지 생각한다. 쉽게 결정하기 힘들다면 특기, 전직이나 독립을 위한 기술, 라이프워크, 취미

등을 담은 사업을 중심으로 한다.

사업 내용이 명확하지 않을 경우에는 회사 이름을 먼저 생각해 보자. 가장 쉬운 것은 '가토(加藤)연구소'와 같이 자기 이름을 붙이는 것이다. 경제 분야에 관심이 많으면 '가토경제연구소,' 마케팅이 특기라면 '가토현대마케팅연구소'로 하면 된다. 인사, 연수 등 활동 내용을 명확히 나타낼 수 있는 이름을 붙이면 어떤 회사인지 쉽게 알 수 있다.

그리고 명함을 만든다. 명함 뒷면에는 자신의 취미, 라이프워크, 소속 네트워크 등을 자세하게 적는다. 내가 현재 쓰고 있는 명함에는 다음 페이지와 같이 앞면에 '휴먼브레인 대표'라고 인쇄하고 뒷면에 저작, 강연 주제 등이 쓰여 있다. 대부분의 사람들은 뒷면을 보지 않기 때문에 뒷면도 봐달라고 가볍게 알리고 그 자리에서 보여 주면서 자기 PR을 한다.

존재하지도 않는 가상회사 따위를 만들어 뭐하겠느냐고 생각하는 사람도 있을 것이다. 하지만 아이디어는 만들기만 해도 나온다. 근무회사 명함과 가상 회사 명함 등 명함을 몇 종류 가지고 있는 것만으로도 자신이 새로워진 듯한 기분이 들어 의욕이 생긴다. 자신에 대해 생각이 정리된다. 명함을 건네는 상대방의 반응도 크게 달라진다.

일반적인 회사 명함은 지위와 근무 장소가 바뀌지 않으면 변경하지 않아도 되지만 가상 회사의 명함은 전환기를 맞을 때마다 교체하도록 한다. 명함 내용을 바꾼다는 것은 훌륭하게 전환기를 맞고 있다는 증거이기도 하다.


## 가상 회사 경영이란

가상 회사의 대표인 자신과 일반 회사에 근무하는 자신과의 차이
점을 열거해보자.

| | 가상 회사에 근무하는 사람 | 일반 회사에 근무하는 사람 |
|---|---|---|
| 자유도 | 자유롭다 | 구속된다 |
| 업무, 고객선택 | 업무, 고객을 선택할 수 있다 | 업무, 고객을 선택할 수 없다 |
| 안정도 | 안정되어 있다 | 불안정하다 |
| 수입 | 자신에게 달려 있다 | 일정하지만 큰 소득이 없다 |
| 조직, 신용도 | 개인플레이, 개인의 신용에 좌우 | 조직플레이, 조직 신용에 좌우됨 |
| 승진 | 없음 | 있음 |

　　이 둘은 어떻게 보면 당연한 차이지만 상당히 큰 차이가 있다.
연령, 위치, 상황에 따라 우열이 달라지기 때문이다.
　　그러나 어느 정도의 연령, 수준을 지나면 가상 회사에 매력을
느끼게 된다. 안정된 수입을 필요로 하지 않으므로 그로부터 얻을
수 있는 자유가 많다. 일반 회사에 일과 고객에게 묶여 아무 것도
하지 못했던 자신과는 완전히 다르다.

장기적으로도 보아도 평생 현직생활을 할 수 있다. 일반 회사에 고용된 상태로는 평생 현직에서 일하는 것은 무리지만 가상 회사에서는 해를 거듭할수록 점점 더 개인의 능력을 발휘할 수 있다.

# 여러 가지 얼굴을 갖자

샐러리맨은 언젠가 회사를 그만두어야 한다. 직장을 옮기다가 한 직장에 오랫동안 다닌다고 할지라도 언젠가 그만둬야 하는 것은 분명하다.

그런 의미에서도 가상 회사의 사장이 되는 일은 중요하다. 회사 규모, 아무래도 어떻든 상관없다. 수입이 없는 회사라도 괜찮다. 취미, 자원봉사활동이 중심인 회사도 좋다.

내 경우에는 앞에서 언급했듯이 현직시절부터 회사와는 전혀 관계없는 개인명함을 만들어 시험적으로 사용해왔다. 조금 더 구체적으로 말하자면, 실제로는 아직 만들지도 않은 단계부터 회사 이름을 '휴먼브레인' 이라고 붙였다. 무엇이든 할 수 있기 위한 이름이다. 앞면에는 얼굴 그림, 뒷면에는 자신의 특징(간단한 자기소개와 할 수 있는 일)을 써넣었다. 작은 글씨는 피하고 큰 글씨로 확실하게 썼다.

이 명함을 만들고 나서 5년 후 정년을 맞아 이번에는 진짜 개인 명함을 만들었다. 회사 명칭은 그대로 하고 직책 난에 '대표'라는 글자를 넣었다. 여전히 조직은 없는 계획 회사, 가상 회사이다. 회사 조직으로 만들지 여부는 수입이 많아졌을 때 생각하면 된다.

개인명함을 만드는 일은 쓸데없는 일이 아니다. 마음가짐을 갖는 데 있어 아주 중요한 일이다.

개인명함에는 자신이 회사를 떠나면 어떤 사람인가, 무엇을 할 수 있는가, 무엇을 하려고 하는가를 명확하게 표현하자. 개인명함을 만들 수 없는 사람은 오로지 회사에 종속되어 있는 인간에 불과하다.

앞에서 개인명함은 정기적으로 개정하라고 말했는데 그것은 처음 한두 차례는 실패하기 때문이다. 나는 처음 개인명함을 만들 때 다니고 있는 회사 이름을 쓰는 실수를 범했다. 그것은 개인명함으로서의 가치가 없다. 회사 이름에 의존하는 것이며 개인명함의 의미를 잃는다.


## 직책에 휘둘리지 않기 위해

언젠가 업무 중에 가벼운 장난을 친 적이 있다. 내가 식품 회사 부장으로 있을 때 직책을 기재하지 않은 명함을 만들어 부하직원인

과장과 함께 한 거래처 방문객을 맞았다. 부하직원의 명함에는 과장이라는 직책이 쓰여 있었고 내 명함에는 직책이 나타나 있지 않았다. 방문객은 나를 평사원으로 생각했기에 내가 무슨 말을 해도 별 관심을 보이지 않고 과장에게만 주목했다. 과장은 몹시 어리둥절해했다.

이처럼 직책은 비즈니스 사회에서는 절대적인 가치를 가지며 직책 아래에 있는 본래적, 본질적 자신은 상당히 친밀해지기까지는 인정받지 못한다.

직책에 안주하면 자신을 잃기 쉽다. 후에 자신에게서 직책을 빼면 아무것도 남지 않는 것을 발견하게 된다. 샐러리맨이 일을 할 수 있는 것은 회사와 회사에서의 직책 덕이 크다는 사실을 명심하자. 특히 거래처의 평가는 냉정해 90% 정도는 당신이 그 지위에 있기 때문에 상대해 주는 것이다.

회사와 직책이 없어진 자신을 냉철하게 직시하는 훈련과 습관이 중요하다. '회사 이름과 직책이 없어도 내가 일을 할 수 있을까?' 하고 항상 자문하는 습관을 들이자.

내가 퇴직한 후 강연회를 열 때 주최 측이 항상 '전직 ○○'라고 직책을 붙이고 싶어 하는 데 나는 거부감을 느꼈다.

생각하기에 따라서는 직책이 사람들을 가장 이해시키기 쉬운 키워드일지도 모른다. 따라서 어느 정도 이름이 알려질 때까지는 비용이 들지 않는 PR법으로 활용할 수도 있을 것이다.

# 명함의 우선순위

앞에서 다니는 회사 이름과 직위가 비용이 들지 않는 PR이 될 수 있다고 말했다. 분명히 회사 이름과 직위만으로 일을 하는 것은 바람직하지 않지만 근무처의 명함과 직책은 비즈니스에서 강력한 힘을 갖는 것이 사실이다.

> 1. 처음 만나는 사람에게도 어느 정도 신용을 얻을 수 있다.
> 2. 명함, 직책에 따라 'take and give' 구도가 그려진다.
> 3. 호의적인 느낌으로 관계를 시작할 수 있다.
> 4. 계속해서 교류하고 싶은 사람을 자신이 고를 수 있다.

이러한 이점을 이용하지 않을 수는 없다. 업무상 생긴 친구와 교류할 때의 이점은 계속적으로, 그러면서 자연스럽게 교우관계를 유지할 수 있다는 점이다. 지속적으로 교류하면서 상대방을 천천히 관찰할 수 있다. 특히 젊을 때는 업무상의 관심이 일치해 친밀한 관계가 되기 쉽다.

회사명함, 개인명함의 우선순위에 있어서는 회사명함을 먼저 꺼내는 것이 좋다. 회사 이름과 직책을 잘 사용하면 평범한 샐러리맨도 어렵지 않게 100명 정도의 비즈니스 친구를 만들 수 있다. 그러나 비즈니스를 떠나서도 사귈 수 있는 사람은 그 가운데 1% 정도가 아닐까? 1,000명과 만나 10명이 남으면 대성공이다.

앞에서 말한 것처럼 매력적인 사람은 PI(Personal Identity=정체성)가 명확하다. 자신이 무엇을 하고 싶은지 분명히 아는 사람, 정체성이 명쾌한 사람은 상대방도 다가오기 쉽다. 비즈니스를 통해 상당 기간 교류를 하는 기회를 살려 먼 장래를 내다볼 수 있는 교우 관계를 맺어보자.

하지만 연수회나 파티에서 회사명함만 교환해서는 웬만한 계기가 없는 한 상대방과 친해질 수 없다. 단지 그 자리에서 인사를 하는 것으로 끝나기 쉽다.

이때 개인명함이 위력을 발휘한다. 기회가 있을 때마다 사내 친구에게도 개인명함을 나눠주고 상호이해를 높이도록 하자. 취미, 라이프워크 등에 대해 동료나 부하직원과 이야기를 나눌 기회는 그리 많지 않다. 개인명함을 잘 활용하면 서로에게 새로운 세계가 열린다.

# 반드시 기회가 온다고 믿어라

종신고용, 연공서열이 파괴된 현대 사회에서 당신이 50세 가까이 되어 회사에서 해고되지 않는다는 보장은 없다. 그리고 여러분은 그 나이가 되도록 전환기에 대한 준비가 없고 아무런 전문성도 없다면 전직이나 독립이 불가능하다는 사실도 알고 있을 것이다. 점점 상황은 빨라져 30~40대도 상황은 마찬가지다. 전환기에 대비해 항상 생각해 두어야 할 포인트를 정리하면 다음과 같다.

> 1. 경제적 기반을 확립한다.
> 2. 라이프워크와 취미를 갖는다.
> 3. 가상 회사를 만든다.
> 4. 전직, 독립에 대비한 L1 후보를 찾는다.

5. L1을 중심으로 사외활동을 한다.

6. 약간의 홍보를 한다.

여기서 1이 가장 중요하다. 나는 정년 후에도 매달 20만 엔 이상의 수입을 확보하고 싶다. 현재는 국민연금이라는 제도가 있지만 앞으로는 연금이 줄어들 뿐 아니라 지급되는 연령도 높아질 것이다. 어떻게든 60대 중반까지 경제 활동을 않으면 안 된다. 기업도 사회적 책임을 져야 하지만 기업의 운명이 어떻게 될지 알 수는 없다. 어쨌든 경제적 기반을 우선적으로 생각해야 한다.

2는 인생 후반의 기본이다. HL(취미와 라이프워크)가 BMW(B=Business, 업무 M=Money, 돈, W=Wife, 가정)를 이끈다고 말했는데 취미와 라이프워크가 없는 사람에게 전직이나 독립할 수 있는 특기를 바라는 것은 불가능하다. 우선 취미와 라이프워크의 확립이 후반 인생, 전환기를 준비하는 첫걸음이다.

3은 자신의 결의 표명의 중요한 순간이다. 적어도 자기 확립의 시작이다. 우선 개인명함을 만들어 시운전을 개시하자. 커다란 전환기가 될 것이다.

4도 인생의 후반을 결정짓는 중요한 단계다. 가능하면 하고 있는 일 중에서 라이프워크를 발견해 지금 다니는 회사를 떠나도 L1일 수 있는 것을 모색한다. 취미를 라이프워크로 만들어 정년 후의 일로 삼을 수 있는 LH1 후보를 찾는 방법도 있다.

5는 실천이다. 행동으로 옮길 기회를 찾는다. 사내에서의 활동이 끝나면 사외에서 활동하자. 관심있는 사람들을 모아 연구회, 학습회를 만들어도 좋다. 돌아가며 발표를 하고 기량을 쌓아 나간다.

6이 가장 어렵다. 하지만 밑져야 본전이지 하는 생각으로 해본다. 소극적이어서는 안 된다. '출간해 달라,' '강연을 하게 해달라' 라며 자신을 드러내 보여야 한다. 제아무리 능력이 있어도 아무 말 없이 가만히 있으면 어떤 일도 일어나지 않는다. 계기를 만들고 할 수 있는 일을 모두 하고 나서 기회가 찾아오기를 기다린다.

## 마지막에 자신을 구해 주는 것이 바로 '특기'

격변하는 시대이다. 과거에도 석유파동, 무역 자유화, 환율 급변, 엔화 강세 등 여러 가지 위기가 있었지만 그 때마다 특유의 노력과 지혜로 위기를 극복해 왔다.

그러나 현재의 움직임은 마치 탁류와 같이 빨라서 국제적 차원에서 변화에 미리 대응하지 않으면 안 된다. 기존의 방식으로는 살아남을 수 없는 것이다. 대기업에서는 구조조정이 수천 명 단위로 이루어진다. 과잉설비 해소에 따르는 직접인원 감축과 직원을 중심으로 하는 간접인원 감축이 시작되었다.

기업 차원의 태풍은 갑작스럽게 개인을 덮친다. 그 때 가서 허둥대서는 이미 늦다. 전직이나 독립을 하든지, 하지 않든지 그때를 대비한 특기를 길러 두지 않으면 지금의 회사로부터도 버림받는다. 사회가 격변하고 있는 때는 위기인 동시에 기회이기도 하다.

항상 자신의 기술 수준을 높이는 데 힘쓰며 기회를 맞을 준비를 하자. 기회는 준비만 확실히 해두면 반드시 찾아온다. 많지 않은 기회를 반드시 내 것으로 만들어야 한다.

개인 미디어는 얼핏 보기에는 실행이 어렵게 느껴질지도 모른다. 그러므로 앞에서도 말했듯이 체면 차리지 말고 자신의 특기에서부터 출발하자. 시작할 수 있는 자세가 중요하다. 그리고 끈기 있게 계속해 나간다.

# 삶의 방식을 **총점검하라**

인생을 다음과 같이 나눌 수 있다.

- 청소년기 — 자기 확립
- 중년기 — 자기 생활의 확립
- 제3의 인생기 — 인생의 수확기

비즈니스 기간은 중년기에 해당하는데 그 길이는 다른 기간의 2배다. 인생에는 여러 가지 분류법이 있지만 비즈니스의 비중이 높은 만큼 수긍이 가는 분류다.

비즈니스 기간은 길기 때문에 그 안에서도 둘로 나누어 생각하는 것이 좋다. 구영한(일본의 저명한 칼럼니스트 — 옮긴이) 씨는 인생 2분법을 제창한다.

인생 80년의 중간점인 40세로 인생을 2분해 후반부터 라이프스타일을 변경한다는 생각이다. 회사를 그만두고 독립하는 것만이 최선이라는 그의 주장에는 그다지 찬성할 수 없지만 40세까지는 회사, 사회, 가정을 위해 살면서 다음 단계를 준비하고 그 후에는 자기실현을 위해 산다는 의미에서는 자신을 갈고 닦는 데 도움이 되리라 생각한다.

심리학자 칼 융도 40대에 인생이 전반과 후반으로 나뉜다고 말했는데 그의 사상이 나의 지론인 '전환'의 사상과 비슷해 흥미롭다. 그는 다음과 같이 구분하고 있다.

● 아동기와 청년기 — 22세까지
● 성인기 — 17세~45세
● 중년기 — 40세~65세
● 노년기 — 60세 이후

그는 이렇게 말한다.

"성인의 전환기와 중년기를 라이프사이클에서 별개의 발달기로 취급한다. 성인의 전환기는 40대에 끝나는데 이때 생활의 특성이 한 번 더 근본적으로 변화하면서 중년기가 시작된다."

"인생의 구조는 중년기에 접어드는 40세 전후를 경계로 변화한다. 40세에는 생활을 구축하고 젊었을 때의 노력이 성과를 거둘 수 있는 기회를 잡는다. 인생 중반의 과도기에 들어서면 그 동안의 경과를 되돌아보고 이렇게 자문하게 된다. 지금까지 무엇을 해왔는가? 지금 어디쯤 있는가? 나의 인생은 사회에 대해, 다른 사람들에 대해, 그리고 무엇보다 나 자신에 대해 어떠한 가치를 가지고 있는가?"

"사람은 40세에 인생의 전성기, 인생의 전환기를 맞는다. 특별한 사건이 지금 자신이 어디에 있는지, 또 앞으로 어디까지 갈 수 있는지 나타내는 지표가 되는 경우가 많다."

## 인생에 '너무 늦었다,' '아직 이르다' 는 없다

전환은 이 상태로 좋은가? 라는 소박한 의문으로부터 출발한다. 전환을 완료하는 시기는 40세가 되기 전이 바람직하다. 내 경험으로 보아도 진정한 의미에서 미래를 고민하고 생각하기 시작하는 때는 30대 전반이다.

살아가는 데 '너무 빠르다,' '너무 늦었다' 는 없다. 언젠가는 큰 전환기가 있다고 믿고 그에 대비해 자신을 갈고 닦자.

"늙어서는 젊을 때보다 세월이 열 배 빨리 흘러 하루가 열흘, 열흘이 백일, 한 달이 일년 같으니 그저 즐기며 허송세월을 보내서는 안 된다."

—가이바라 에키켄

"나이와 세월의 흐름은 반비례한다."

—자넷의 법칙

"인생은 마지막까지 그 희망을 이어나가야 한다. 과거는 모두 준비의 시절이었으며 인생의 본무대는 그때가 언제든 미래에 있다. 일흔이 되어도, 여든이 넘어도 여전히 오늘 이후를 무대라고 여기고 남은 생을 보내야 한다."

—버나드 쇼

"탐험가는 조사를 하고 나서 탐험을 할 것인지 말 것인지 정하지 않는다. 탐험을 하겠다고 결심한 다음 조사를 한다."

—니시보리 에이자부로

"시의적절한 일은 모두 잘된다"

—키온

성공을 꿈꾸는 직장인을 위한

# 자기 발전 매뉴얼

**초판 1쇄 발행**    2005년 3월 5일
**초판 3쇄 발행**    2008년 3월 25일

**지 은 이**   가토 유키오
**옮 긴 이**   정숙인
**펴 낸 이**   성의현
**펴 낸 곳**   미래의창

**등     록**   제 10-1962 (2000년 5월 3일)
**주     소**   서울시 마포구 서교동 395-179 미르빌딩 5층
**전     화**   325-7556 (편집), 338-5175 (영업)
**팩     스**   338-5140
**홈페이지**   http://www.miraebook.co.kr (한글주소: 미래의창)
**이 메 일**   miraebook@miraebook.co.kr

ISBN 89-89353-86-6 03320